zeitreise
wikinger

Krieger und Entdecker aus dem Norden

Nuesret Kaymak

inhalt

Vorwort **4**

die welt der wikinger

Die Herkunft der Nordmänner **8**
Die Gemeinschaft der Wikinger **10**
Die Behausung **12**
Die Wikingerfestung **16**
Der Alltag **18**
Die Freizeit **20**
Recht und Ordnung **22**
Kleidung und Nahrung **24**

die kultur der wikinger

Der Glaube der Nordmänner **28**
Riesen, Wanen und Asen **30**
Das Leben im Jenseits **32**
Das Urteil der Götter: unterschiedliche Schicksale nach dem Tod **34**
Der Einzug des Christentums **35**
Die Feste der Nordmänner **36**
Die Künste der Wikinger **38**

odins kinder: entdecker, händler und piraten

Die Drachenschiffe	42
Das Schiff und seine Besatzung	44
Die Gefahr aus dem Norden	46
Beutefahrt ins Ungewisse: die norwegischen »Finn«	48
Reise bis ans Ende der Welt	50
Unliebsame Gäste der Franken: die dänischen »Dhub«	52
Ungebetener Besuch: dänische Wikinger in England	54
Krieger, Händler und Fürsten: die schwedischen »Rus«	56
Die »axttragenden Krieger« und loyalen Söldner	58
Die Warägergarde	60
Die Handelsstädte der Wikinger	62

interessant zu wissen

Der Mythos »Hörnerhelm«	65
Berühmte Wikinger	66
Seerouten und Siedlungen der Wikinger	68
Zeittafel	70
Literatur	72

Vorwort

Am 8. Juni 793 tauchten an der Nordostküste Englands mehrere furchterregende »Ungetüme« auf: Langschiffe der Wikinger aus dem hohen Norden, die mit Rudern bestückt waren und an deren beider Enden holzgeschnitzte Drachenköpfe meterhoch in die Luft ragten. Angetrieben von etwa 60 Ruderern, je 30 an jeder Seite, näherten sie sich zügig der Küste, wo sie lautlos auf den Strand glitten. Ihnen entstiegen massige, furchteinflößende Männer, die während des ganzen Geschehens keinen Laut von sich gaben. Sie trugen eiserne Helme mit Augen- und Nasenschutz, die wie unheimliche Masken aus einer düsteren Welt wirkten. Über ihren mit Leder geschnürten Hosen klirrten schwere Kettenhemden – sie waren für den Kampf gewappnet. Einige trugen Lederrüstungen, über die sie grobe Felle geworfen hatten. Alle führten große, runde, unterschiedlich bemalte Holzschilde mit sich, manche auf dem Rücken, andere dagegen am Arm. Einige hatten mächtige Speere in der Hand, die meisten jedoch ein breites, massives Schwert oder eine Axt aus dunklem Metall. Manche trugen sogar gleich zwei Waffen. Der Anblick derart schwer bewaffneter Männer ließ nichts Gutes ahnen.

Die ganze Aufmerksamkeit der Wikinger galt dem Kloster Lindisfarne auf der Anhöhe. Dort vermuteten die Krieger große Schätze an silbernem Kirchenschmuck: reiche Beute. Für Silber ließen die Wikinger selbst Gold und Edelsteine stehen, und für die Aussicht auf diesen Schatz hatten sie die Strapazen der weiten Seereise auf sich genommen. Auf ein vereinbartes Zeichen hin schritten die Fremden gemeinsam los: Zielstrebig und unaufhaltsam näherten sie sich dem Kloster, und jeder, der ihnen auf ihrem Weg begegnete, wurde auf der Stelle gnadenlos

niedergestreckt. Sie hinterließen eine Spur der Zerstörung und des Schreckens. Nichts und niemand konnte diese unheimlichen Männer aufhalten; knurrend und brüllend wie Tiere fielen sie über die Menschen her. Überlebende schilderten später zitternd, wie brutal diese Krieger im Kloster gewütet hatten: Mit wildem Geheul hatten sie alle Männer, die nicht schnell genug fliehen konnten, erbarmungslos abgeschlachtet, Frauen und Kinder hatten sie gefangen genommen und versklavt. Alles, was wertvoll und nützlich erschien, war auf die Drachenschiffe gebracht worden. Dann waren diese wieder in See gestochen und ebenso schnell davongefahren, wie sie gekommen waren. Totenstille begleitete ihre Reise zum Horizont, an dem sie schließlich verschwanden. Der Ruf als wilde, grausame Bestien sollte den Wikingern stets vorauseilen ...

Doch waren sie wirklich nichts weiter als harte, grobschlächtige Kämpfer? Finde es heraus. Dieses Buch nimmt dich mit in die Welt der mutigen Nordmänner und zeigt dir, wie sie wirklich gelebt haben.

die welt der wikinger

Urplötzlich waren sie da und versetzten die Welt in Angst und Schrecken. Doch die Wikinger waren keineswegs nur brutale, gesetzlose Krieger, wie es auf den ersten Blick scheinen mag, sondern zugleich auch ausgezeichnete Handwerker und gewiefte Händler. Heute wissen wir, dass sie auch die besten Seefahrer und einfallsreichsten Schiffsbauer ihrer Zeit waren und es verstanden, sich selbst unter härtesten Bedingungen ihrer Umgebung anzupassen. Ihre Abenteuerlust führte sie über Flussläufe und Meere in die entlegendsten Winkel der Erde, und wo immer es ihnen gefiel, siedelten sie sich an und blieben. In späteren Zeiten gab es sogar Könige unter ihnen und diese herrschten über Land und Leute. Die Wikinger trugen ungeheure Schlachten aus, die unvergessen bleiben sollten, und entdeckten Amerika, die Neue Welt, schon 500 Jahre vor Christoph Kolumbus.

die herkunft der nordmänner

Als die Gletscher der letzten Eiszeit langsam in den Norden zurückwichen, wanderten die Menschen mit ihnen mit. Zu der Zeit, da das stetig steigende Schmelzwasser den Meeresspiegel anhob und damit Skandinavien, nunmehr als Halbinsel, vom Rest Europas abtrennte, lebten an den skandinavischen Küsten bereits viele Abkömmlinge germanischer Stämme aus dem Süden. Allerdings war der Großteil des Landes so gut wie unbewohnbar, denn das raue Klima und der harte Boden, der entweder steinig oder aber gefroren war, machten es den Menschen schwer genug, Nahrung zu erwirtschaften. Nur in den geschützten Buchten der Fjorde, also der weit ins Festland hineinreichenden Meeresarme, in denen das mildere Klima das Eis verdrängte, gab es nutzbaren Ackerboden und Weideland. Die meisten Küstenbewohner jedoch, deren Lebensbedingungen weniger günstig waren, lebten vom Fischfang und von der Jagd. Es war Brauch, dass die jungen Männer ihren Geburtsort verließen, um sich an neuen Küstenabschnitten niederzulassen. Die Besiedelung ging nur langsam voran, da sie durch die Vielzahl an Fjorden und Seen und die damit verbundenen Transportprobleme erschwert wurde. Doch bald bauten die Siedler kleine, wendige Boote, mit denen sie schnell und zügig von einer Bucht zur anderen gelangen konnten. Sie wurden zu meisterhaften Seglern, die sich mit der Seefahrt vortrefflich auskannten und als Schiffsbauer ständig bessere Boote entwickelten. Irgendwann begannen dann manche Siedler, die anderen auszurauben. Ganze Gruppen von Norwegern, Schweden, Dänen und Slawen schlossen sich zu kämpferischen Trupps zusammen und gaben sich den Treueeid bis auf den Tod, denn Ehre bedeutete ihnen mehr als das eigene Leben. Dies war die Geburtsstunde der Wikinger: der kriegerischen germanischen Seefahrer, die sich dem Raub und der Plünderung verschrieben.

Übrigens
Bei den Wikingern gab es viele Stammesmitglieder, die hin und wieder auf Plünderzug gingen, um sich mit der Beute eine Lebensgrundlage aufzubauen und den eigenen Wohlstand zu mehren. Plünderungen galten nicht als Verbrechen, und Männer, die sich weigerten mitzuziehen, wurden verächtlich »Dummköpfe« genannt.

Übrigens
»Vik« bedeutet im Altnordischen »Bucht«, »Viking« soviel wie »Kriegsfahrt zur See an weit entfernte Küsten« und »Vikingr« in etwa »Seekrieger, auf langer Fahrt weit von der Heimat entfernt«. Im Mittelalter bezeichnete man mit »Wikinger« allerdings allgemein sowohl Piraten als auch Skandinavier, Normannen und Heiden (Ungläubige).

Norwegen
Wegen des extremen Klimas eigneten sich lediglich drei Prozent des Landes für Landwirtschaft und Viehzucht. Das führte dazu, dass die norwegischen Wikinger auf neuen Lebensraum angewiesen waren. Sie wurden als die »Finn«, die »Weißen«, bezeichnet und waren die Entdecker und Eroberer unter den Wikingern: Sie segelten zu den Färöer-, Shetland- und Orkney-Inseln, nach Irland, Nordengland, Frankreich, Spanien, Italien, Island und Grönland sowie nach Nordamerika.

Dänemark
Dieses Land bot zur Zeit der Wikinger die besten Lebensbedingungen im skandinavischen Raum. Es war flach, und kein Ort lag mehr als 50 km vom Meer entfernt, was für Landwirtschaft und Handel sehr vorteilhaft war. Daher gab es dort schon recht früh größere Siedlungen. Dänische Wikinger bezeichnete man als die »Dubh«, die »Schwarzen«. Sie galten als Landbesetzer und besiedelten Teile Frieslands, Westdeutschlands, der derzeitigen Beneluxstaaten sowie des heutigen Frankreichs und Englands.

Schweden
Das Gebiet des heutigen Schwedens war in der Wikingerzeit von großen Wäldern bedeckt, und es gab fruchtbare Ebenen. Um große Seen herum, deren zugefrorene Eisflächen im Winter den Transport von Waren vereinfachten, entstanden ausgedehntere Siedlungen. Anders als die norwegischen und dänischen Wikinger, richteten die Schweden ihren Blick aber in das nahegelegene Osteuropa. Man nannte sie die »Rus«, die »Ruderer«. Sie waren die »wehrhaften Kaufleute« und Abenteurer unter den Wikingern.

die gemeinschaft der wikinger

Die skandinavische Gesellschaft orientierte sich an den altnordischen Abstammungsmythen, also Geschichten von der Entstehung der nordischen Völker. In diesen wurde erzählt, wie der Gott Heimdall, der Stammvater aller Menschen, die drei Stände – Gesellschaftsschichten – erschuf. Stellvertretend für diese stehen die drei Söhne Heimdalls: Jarl (»Fürst«), Karl (»Freier Mann«) und Thrall («Knecht»). Übertragen ins echte Leben bedeutete dies, dass der Stand der Kleinkönige und Häuptlinge, also Fürsten wie Jarl, über freie Männer im Sinne Karls (Bauern, Großbauern, Krieger und das Königsgefolge) sowie über die Sklaven, wie Thrall, regierte. Diese Ordnung wurde von niemandem und zu keiner Zeit infrage gestellt. Aber im Gegensatz zur Ständegesellschaft des damaligen Mitteleuropas konnte bei den Wikingern ein »Karl«, ein freier Mann, problemlos in den höheren Stand aufsteigen – sofern er über genügend Mittel und Ansehen verfügte, also über Geld und Sklaven sowie über Mut und Tapferkeit –, wozu ihm gelegentliche Plünderfahrten hervorragend verhalfen ...

1   2   3   4   5   6

König
Alle Könige beanspruchten für sich, von Göttern abzustammen; dies erlaubte es ihnen, nicht nur über das Land, sondern auch über die Menschen zu herrschen. Aber der König musste seine Führungskraft ständig unter Beweis stellen und immer ein Vorbild sein, denn sonst gehorchte ihm das Heer nicht.

Oberkönig (1)
Der Oberkönig war der mächtigste Mann im Land und Oberbefehlshaber des gesamten heutigen Skandinaviens. Der erste Oberkönig war Harald Schönhaar. Es heißt, dieser habe sich geschworen, sich nicht eher wieder die Haare zu schneiden und zu kämmen, bis er alle Gegner besiegt habe, sodass er zunächst den Beinamen »Strubbelkopf« erhielt; als er dann sein Ziel erreicht und wieder Gebrauch von Kamm und Schere gemacht hatte, wurde dieser jedoch in »Schönhaar« umgewandelt.

Kleinkönig (2)
Als solcher wurde ein Häuptling mit kleinem Herrschaftsgebiet bezeichnet. Anno 800 lebten circa 100 000 Menschen in Norwegen, die von 20 Groß- und zahlreichen Kleinhäuptlingen regiert wurden.

Unterkönig (3)
Ein Unterkönig regierte auf eigenem Herrschaftsgebiet, unterstand jedoch dem Oberkönig und musste diesem Steuern zahlen.

Heerkönig (4)
Darunter verstand man einen Feldherrn ohne eigenes Herrschaftsgebiet, der Raubzüge über Land unternahm.

Seekönig (5)
Ein Seekönig war ein Feldherr ohne eigenes Herrschaftsgebiet, der zu Raubzügen auf See auszog.

Jarl (6)
Als »Jarl« wurde ein Graf unter Wikingern bezeichnet; ein Jarl war meistens wohlhabend, besaß ein größeres Gefolge sowie üblicherweise einen Jarlshof, also einen Großhof mit mehreren Gebäuden.

Huscarl (7)
»Huscarl« wurde ein Leibgardist von Königen und Adeligen genannt.

Hirðmenn (8)
Unter »Hirðmenn« verstand man Mitglieder der königlichen Kriegertruppe, die als Berufsheer ständig bereitstand und als eine Art Polizei für Ordnung sorgte.

die gemeinschaft der wikinger

Lendsmann (9)
Dieser war ein Landverwalter und stand in der Machtfolge unter Königen und Grafen.

Sysselman (10)
So lautete die Bezeichnung für einen Verwaltungsbeamten, der die Höhe der Steuern bestimmte (in England nannte man ihn »Sheriff«).

Odalsbauer (11)
Er gehörte dem Bauernadel an; um den Odalsstatus zu erhalten, mussten vier bis sechs Generationen auf demselben Grundbesitz wohnen.

Riki (12)
Großbauer

Bondi (13)
Einfacher Bauer

Thrall (14)
Sklave

Ambatt (15)
Sklavin

Fostrar (16)
Ein Fostrar war ein halbfreier Sklave, dem auf Lebenszeit ein Stück Land zur eigenen Bewirtschaftung überlassen worden war.

Gode (17)
Dem Goden, einem Priester, fiel die Aufgabe zu, die Thinge zu eröffnen (in Norwegen jedoch den Häuptlingen).

Seiðmenn (18)
Zauberer und Schamanen

Skalde (19)
Skalden waren höfische Dichter und Dichterinnen; fast 300 Skalden der Wikinger sind uns heute bekannt.

Finne (20)
»Finnen« nannte man Samen in Nordskandinavien; ihnen wurden Amulettzauber und Hellsichtigkeit zugesprochen.

Völva (21)
Eine Völva war eine Seherin, die großes Ansehen genoss.

die behausung

Der lange, kalte Winter des hohen Nordens zwang die Wikinger zu der Suche nach einfallsreichen Lösungen. Ihr Vieh war nämlich kaum in der Lage, die eiskalten Monate im Stall zu überleben, und da der Platz im Wohnbereich begrenzt war, wurde ein Großteil der Tiere vor Wintereinbruch geschlachtet. Die wenigen, die man am Leben ließ, wurden im Langhaus untergebracht, an dessen Ende sich ein Stall befand, und sie wärmten mit ihrer Körpertemperatur das Haus zusätzlich mit auf. Die Nadelwälder lieferten gutes Bauholz in Hülle und Fülle, und die Wikinger nutzten es zur Errichtung ihrer genialen Blockhäuser und Schiffe, ja sie verkauften es sogar weiter als Baumaterial und trieben damit Handel. Während frei stehende Wikingerhäuser in der Regel eine massive Bauweise aufwiesen, waren die Häuser in größeren Wikingersiedlungen – vor allem in den Handelsstädten – klein und mit leichtem Material ausgekleidet. Burgenähnliche Festungen wie in Europa gab es hingegen nur wenige.

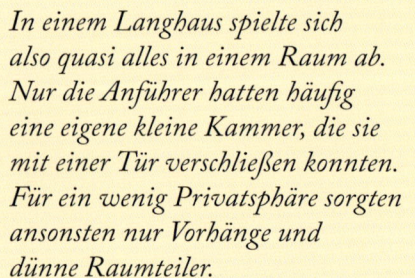

In einem Langhaus spielte sich also quasi alles in einem Raum ab. Nur die Anführer hatten häufig eine eigene kleine Kammer, die sie mit einer Tür verschließen konnten. Für ein wenig Privatsphäre sorgten ansonsten nur Vorhänge und dünne Raumteiler.

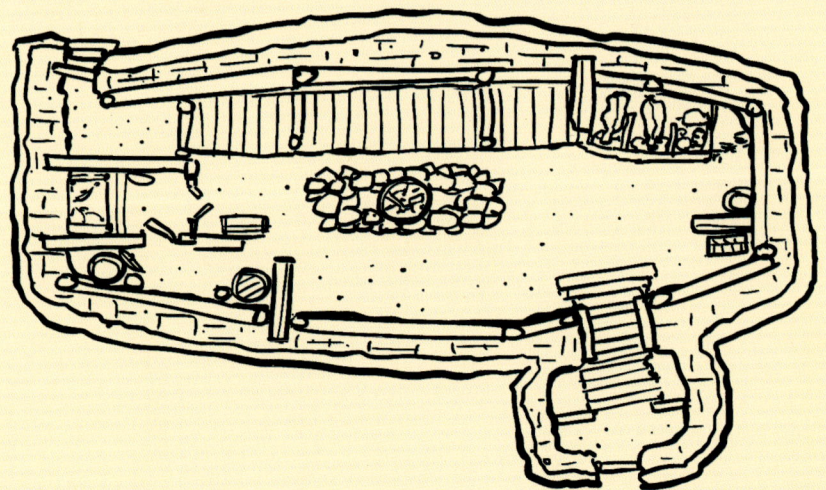

die behausung

Die Wikinger verwendeten zum Decken ihrer Häuser Holzschindeln oder »Reet«, wie das Schilfrohr auch heute noch genannt wird. Schon die Kelten hatten vor Tausenden von Jahren Reetdachhäuser, weil Schilfrohr fast überall üppig wächst und hervorragend vor Regen und Kälte schützt.

Das Langhaus

Die typische Wikingerbehausung war das Langhaus: ein dreigeteiltes Holzhaus mit Mittelhalle und zwei kleineren Räumen. Einfache Bauern wohnten in kleinen Langhäusern von circa 12 mal 5 Metern, Wohlhabende dagegen in größeren. Das größte Langhaus, dessen Überreste gefunden wurden, maß 83 mal 9 Meter.

Das Fyrkat-Haus

Benannt nach der gleichnamigen Wikingerburg, hatte ein Fyrkat-Haus eine Größe von circa 28,5 mal 8,5 Metern und eine bauchige Form, die ihm in etwa das Aussehen einer mit dem Rumpf nach oben gekehrten Arche Noah verlieh. Für ein Fyrkat-Haus benötigte man 66 große Eichenstämme, welche die Bohlenwände von außen abstützten.

Das Vaabasse-Langhaus

Die in der späten Wikingerzeit errichteten Vaabasse-Langhäuser waren anders und größer gebaut als die Fyrkat-Häuser. Sie wurden nicht außen mit Baumstämmen stabilisiert und hatten Reet- statt Holzdächer.

Das kleine Haithabu-Stadthaus

Haithabu war der Name einer alten Handelsstadt der Wikinger im heutigen Schleswig, und nach dieser waren die kleinen, 3 mal 3 Meter großen Bretterhütten mit Flechtwerk aus Stroh und Dung benannt, in denen die ärmeren Wikinger wohnten.

Das große Haithabu-Haus

Doch Haithabu gab seinen Namen auch großen, aus Holz, Weiden, Lehm und Mist gebauten Häusern mit hohem Dach. Diese maßen 5 mal 14 Meter und waren an der höchsten Stelle 4 Meter hoch.

die behausung

Der Wikingerhof

Die meisten Wikingerdörfer setzten sich aus etwa zehn bis zwölf Höfen zusammen; dabei bestand ein Hof häufig nur aus einem Gebäude. In diesem lebten Menschen und Vieh zusammen und dort fand das Gemeinschaftsleben der Wikinger statt. Auf dem größten Hof im Dorf lebte der Häuptling mit seiner Familie.

Übrigens

Die stabile und massive Bauweise der Wikingerhäuser hat sich so gut bewährt, dass sie noch heute in unveränderter Form im Blockhüttenbau ihre Anwendung findet.

die wikingerfestung

die wikingerfestung

Es gibt nur sehr wenig Funde von Wikingerfestungen in Südschweden und Dänemark. Daher nehmen die Wissenschaftler an, dass solche Bauten ziemlich selten angefertigt wurden. Sie entstanden während der Regierungszeiten der Wikingerkönige Sven Gabelbart aus Schweden und Harald Blauzahn aus Dänemark. Sie alle hatten Schutzwälle aus Stein, die kreisförmig angeordnet waren und scheinbar militärischen Zwecken dienten. Obwohl aber diese Wikingerfestungen gemeinhin »Ringwallburgen« genannt werden, gehören sie dennoch nicht zu den Ringburgen. Genau genommen wissen die Forscher bis heute nicht, wie die Wikinger auf diese Bauform gekommen sind und welchen Zweck sie wohl erfüllt haben mag – es gab dafür keinerlei Vorbilder, nach denen sie sich gerichtet haben könnten, und die Bauten existierten auch nur für eine kurze Zeit im Hochmittelalter.

Die Wikingerforscher haben unterschiedliche Vermutungen darüber angestellt, um was es sich bei diesen Festungen gehandelt haben könnte. Sie sehen darin:

- Kasernen und Winterlager für die Eroberungen und Plünderfahrten nach England
- Verteidigungsanlagen gegen Feinde und Eindringlinge aus dem Süden
- prunkvolle Bauten, wie die Burgen in Mitteleuropa es waren, dazu geschaffen, das eigene Ansehen zu mehren
- Zwingburgen, die Krieger zur Bekämpfung von Unruhen in der Region beherbergten, oder
- Pfalzen, also Reisepaläste der Könige

der alltag

Die Nordmänner und -frauen waren alles andere als untätig. Da das Klima rau und der Winter sehr lang war, wurde die wärmere Jahreszeit intensiv genutzt, um ausreichend viel Wintervorräte anzulegen und Reiseproviant für die Wikingerfahrten vorzubereiten, die im Juni anstanden. Wenn die Wikinger nicht auswärts überwinterten, kamen sie gewöhnlich nach drei Monaten von ihren Beutezügen zurück, um die kalte Jahreszeit bei ihren Familien zu verbringen.

Übrigens
Die skandinavischen Felle waren besonders in arabischen Ländern sehr begehrt.

der alltag

Das Handwerk

Die Wikinger waren begnadete Handwerker; sie konnten alles, was sie brauchten, selbst herstellen: Häuser, Boote, Gebrauchsgegenstände, Werkzeug, Kleidung, Schmuck und Waffen. Es gab fast nichts, was ein Wikinger sich nicht zugetraut hätte selbst anzufertigen. Das gesellschaftliche Ansehen des Einzelnen stieg dabei erheblich mit seinem Grad an Fingerfertigkeit und handwerklichem Können.

Frauen
- bereiteten Mahlzeiten zu
- mahlten Mehl
- backten Brot
- kochten Meerwasser auf und gewannen daraus Salz
- sammelten Obst, Früchte, Kräuter und Pilze
- sammelten Reisigholz für das Feuer
- brauten Bier und Met
- molken Kühe, Ziegen und Schafe
- stellten Käse her
- spannen Wolle
- webten Stoffe
- nähten schöne Kleidung
- schürten das Feuer und sorgten dafür, dass es nicht ausging
- hüteten das Haus
- beaufsichtigten die Sklaven

Männer
- fischten mit Speeren, Angelhaken und Netzen
- jagten Robben zu Fuß oder mit dem Boot
- jagten Wildtiere zu Fuß oder vom Pferd aus
- häuteten und schlachteten Tiere
- stellten Leder und Pelze her
- pflügten den Acker und säten Getreide aus
- setzten Boote und Häuser instand
- jagten Vögel und sammelten Vogeleier
- trockneten und räucherten Fleisch
- schnitten und ernteten Getreide
- fällten Bäume
- zogen Zäune
- kletterten auf Felsen
- bauten Gemüse an
- stachen Torf
- betrieben Viehzucht
- scherten Schafe
- bereiteten Trockenfisch
- schlugen Brennholz

die freizeit

> **Übrigens**
>
> *Die Wikinger liebten den Pferdekampf, bei dem diese Tiere, wie sonst beim Hahnen- oder Hundekampf, gegeneinander antraten. Oft fingen auch die Pferdebesitzer an, sich gegenseitig zu verprügeln – sehr zur Freude der Zuschauer ...*

Das Klima im hohen Norden war bekanntlich rau, und die Wikinger kannten praktisch nur zwei Jahreszeiten: den kurzen Sommer und den scheinbar endlosen, eisigen und dunklen Winter. Daher nutzten sie jeden Sonnentag ausgiebig und verbrachten so viel Zeit, wie sie konnten, an der frischen Luft. Denn dies war während der langen Tage und Nächte des harten Winters kaum möglich: Man verließ dann selten einmal das Haus und sehnte, am Feuer sitzend, den nächsten Sommer herbei.

Im Sommer

Die warmen Sonnentage waren für die Wikinger die schönste Zeit des Jahres. Zwar bestimmte das mühselige Anlegen der Wintervorräte weitgehend den Tagesablauf, doch erfreuten sich die Nordmänner nach getaner Arbeit durchaus auch an Sport und Spiel. Egal wie müde und erschöpft sie am Abend waren, sie brachten immer noch die nötige Energie auf, um sich bei Ballspielen – ähnlich dem heutigen Fußball oder Hockey – zu entspannen. Diejenigen Wikinger, die nicht selbst mitspielten, schauten gerne zu und feuerten die Spieler kräftig an. Am beliebtesten waren jedoch solche Wettkämpfe, bei denen sich die vor Kraft strotzenden Krieger miteinander messen konnten und ihnen viel Mut und Geschicklichkeit abverlangt wurde: Schwertkämpfe, Speer- und Steinewerfen, Bogenschießen, Raufen, Schwimmen und Reiten.

Im Winter

Der harte Winter dauert im hohen Norden viele Monate lang. Er bestimmte so sehr das Leben der Wikinger, dass sie sogar ihren Kalender nach ihm richteten: So begann das Wikingerjahr erst im April, und das Alter eines Wikingers wurde stets in der Anzahl der gelebten Winter angegeben. Das Datum wichtiger Ereignisse und Zeitpunkte zählte man übrigens in Nächten. Im Winter konnte man jedoch durchaus auch angenehmen Freizeitbeschäftigungen nachgehen: Die schneebedeckte Landschaft lud zum Schlittenfahren ein, und die zugefrorenen Seen boten Gelegenheit zum Eislaufen und Eislochfischen. Dabei trugen die Nordmänner Schneeschuhe, mit denen sie zügig über das schneeverwehte Land laufen konnten. Die Kufen der Schlittschuhe waren aus Tierknochen geschnitzt. Im Inneren des Hauses erfreute man sich dank der langen Feuerstelle einer behaglichen Wärme und Geborgenheit. Dort beschäftigte man sich gern mit taktischen Brettspielen, die den Spielern Schlauheit abverlangten. Reiche Wikinger spielten ein dem Schach ähnliches Strategiespiel mit kunstvoll ausgearbeiteten Figuren aus Glas, Holz, Steinen und Knochen, die Könige und Krieger darstellten. Die Wikinger saßen um das Feuer herum, welches inmitten der Halle brannte, aßen und tranken, während musiziert wurde. Hin und wieder erzählten Skalden, die Berufsdichter, spannende Geschichten.

Übrigens
Das Schwitzbad, also die Sauna, war den Wikingern wohlbekannt.

Recht und Ordnung

Das höchste Gut war einem Wikinger die Ehre der eigenen Person und der gesamten Sippe. Alle freien Männer, deren Ehre unangefochten war, verfügten über die sogenannte »Mannheiligkeit«, welche die Höhe der »Mannbuße«, eines damaligen Bußgeldes, bestimmte: Als Schadensersatz für eine Ehrkränkung wurde Geld an die Familienmitglieder des Geschädigten gezahlt. Dass tatsächlich ein Gericht bemüht wurde, um Bußgelder zu verhängen, geschah allerdings nur in seltenen Fällen. Denn allein die Blutrache galt als wahre Wiedergutmachung: Kränkte jemand die Ehre eines anderen, musste er sterben. Selbst die räuberischsten Wikinger – die sonst als sehr rücksichtslos galten – hatten also Ehrgefühl und verteidigten dieses mit allen Kräften. So gab es strenge Regeln im Umgang miteinander; verstieß man dagegen, hatte man mit äußerst harten Strafen, wenn nicht gar mit dem Tod, zu rechnen.

Die Überquerung fremder Besitztümer
Niemand durfte ohne Weiteres über den Grundbesitz eines anderen reiten, ohne vorher dem Hausherrn einen Besuch abgestattet zu haben. Die Missachtung dieses Brauchs wurde als grobe Unhöflichkeit und Beleidigung angesehen.

Begrüßung und Gastrecht
Ein Besucher klopfte nicht einfach an die Tür, sondern rief laut nach dem Hausherrn. Ein Gast durfte niemals angegriffen werden.

recht und ordnung

Die Sitzordnung
Bei Zusammenkünften thronte der Hausherr auf dem höchsten Stuhl, der als einzige der Sitzgelegenheiten eine Rückenlehne hatte. Ihm gegenüber saß der Gast auf einem Hochsitz – alle anderen mussten mit Bänken und Schemeln vorliebnehmen.

Die Waffenordnung
Heilige Plätze durften nur ohne Waffen betreten werden.

Der Waffenstillstand
Bei Waffenstillstand waren die Tore des Lagers weit geöffnet und ein Schild wurde aufgehängt. Solange dieser dort hing, konnten die gegnerischen Parteien friedlich miteinander verhandeln.

Kleine Vergehen
Streitigkeiten und kleine Verbrechen wurden von den betroffenen Familien selbst geregelt.

Mittlere Vergehen
Mittlere Vergehen wurden häufig durch Geldbußen geahndet, deren Höhe die geschädigte Familie bestimmte.

Schwere Vergehen
Ein Mord wurde meist durch Blutrache seitens der Familienangehörigen des Opfers gerächt, das heißt, der Täter wurde von den Hinterbliebenen getötet. Manchmal kam es jedoch auch vor, dass er als Strafe aus der Gemeinschaft verbannt wurde und damit alle Rechte als freier Mann verlor. Er durfte von jedem ungestraft ausgeraubt und umgebracht werden.

Nicht ausgeführte Blutrache
Übte ein Sohn die Blutrache für den Vater nicht aus, sagte man verächtlich, er trage »den toten Vater in seinem Beutel«.

Die Schandstange
Die Schandstange galt als die allerschwerste Bestrafung: Dabei steckte man auf eine in den Boden gerammte Haselstange einen abgetrennten Pferdekopf, drehte ihn in Richtung des Gegners und belegte diesen mit einem lauten Fehdefluch.

Das »Thing«
Das »Thing« (oder »Ding«), wie die Volksversammlung genannt wurde, fand in der Regel einmal im Jahr im Sommer statt und dauerte drei Tage. Zum »Thing« konnten oder mussten alle freien Nordmänner anreisen und durften ihre Meinung einbringen, wenn Gesetze vereinbart und Gericht gehalten wurde. Aber ein »Thing« diente nicht nur dem gemeinsamen Beratschlagen über politische Themen und Gesetzesfragen, sondern auch religiösen Zwecken. Daher wählte man als Thingstätte stets einen heiligen Ort unter freiem Himmel, etwa einen Grabhügel oder einen Platz unter einer Gerichtslinde. Während des »Things« galt der Thingfriede mit Waffenverbot. Frauen, Kinder, Fremde und Sklaven durften am »Thing« nicht teilnehmen. Wohl besprachen die Wikinger die wichtigen Dinge bereits am ersten Tag der Versammlung, doch tranken sie dabei viel Alkohol, sodass Beschlüsse immer erst am Folgetag, mit nüchternen Köpfen, gefasst wurden.

Übrigens
Kleinere »Thinge« trugen die Bezeichnungen der Anlässe, aus denen sie einberufen wurden: So unterschied man ein »Prozessthing«, ein »Vollstreckungsthing«, ein »Totschlagsthing«, ein »Waffenthing« oder auch ein »Schiffsthing« usw.

kleidung und nahrung

Die Wikinger trugen nicht tagein tagaus ihre berühmt-berüchtigte Kriegerausrüstung mit Fellen, eindrucksvollen Gürteln und Helmen. Sie liefen in der Heimat auch nicht wie wilde Rohlinge mit ungepflegtem Haar und wuchernden Bärten herum. Ganz im Gegenteil: Die Nordmänner badeten samstags, scherten sich den Nacken und kämmten ihr Haar. Und ebenso wie viele Männer heutzutage trugen auch sie gerne ihren Reichtum zur Schau. Wusstest du schon, dass die Wikinger bunte Kleidung und Schmuck liebten? Den Stoff der Gewänder stellten die Frauen auf Webstühlen selbst her und färbten ihn dann mit Pflanzenfarben.

> *Übrigens*
>
> *Augenschminke, Anhänger, Armreifen, Spangen, Nadeln, Fingerringe und Gürtelschnallen wurden von Männern und Frauen getragen.*

Die Kleidung der Männer
Die Männer waren im Alltag meist in Hemden mit einzelnen Knöpfen und Hosen mit engem oder weitem Schnitt gekleidet. Wenn ihr Stand und die Größe ihres Geldbeutels es erlaubten, leisteten sie sich farbenprächtige Gewänder mit goldenen Borten, verziert mit aufwendigen Stickereien aus kostbaren Gold- und Silberfäden sowie Glasperlen. Am Gürtel hing ihnen oft ein Messer, und an einer Schnur um den Hals trugen sie ihre Geldbörse. Dazu hüllten sie sich in einen schweren Umhang aus Wolle, Leder oder Pelz. Diesen befestigten sie mithilfe einer Spange und mächtigen Nadeln aus Bronze oder Knochen an der Kleidung. Hosen und Umhänge wurden auch oft mit Lederriemen geschnürt, die für sicheren Halt sorgten.

Haare und Bart
Wikinger trugen in der Regel langes Stirnhaar. Der Bart war ihr Stolz und wurde wie das Haar oft gekämmt und sauber gehalten. Häufig benutzten Männer wie Frauen auch ein Haarband aus Seide oder Leinen.

Schuhe, Handschuhe und Hüte
Die Schuhe der Nordmänner waren aus weichem Rinds- oder Ziegenleder gefertigt und wurden um die Knöchel gebunden. Bei kaltem Wetter trug man Handschuhe und Hüte aus Wolle oder Leder.

kleidung und nahrung

> **Übrigens**
>
> *Manchmal standen auch Hunde und Katzen auf dem Speiseplan.*

Die Kleidung der Frauen

Die Frauen trugen gewöhnlich ärmellose, bis zum Boden reichende Hemden aus Leinen, darüber Wollkleider, die sie mit Spangen verschlossen. Diese Kleidung wurde ergänzt durch einen Umhang, einen Schal oder ein Jäckchen. Spangen erfüllten eine wichtige Funktion, dienten aber auch zur Zierde und waren daher oft kunstvoll ausgearbeitet. Die Frauen schätzten auch aus Silber, Bronze und Gold gefertigte Arm- und Halsreifen, Perlenketten, Anhänger, Fingerringe und bronzene Gürtelschnallen. Sie trugen ihr Haar lang, entweder am Hinterkopf geknotet oder von einem Haarband zusammengehalten. Verheiratete Frauen bedeckten ihr Haar mit einem Kopftuch und zeigten damit an, dass sie bereits vergeben waren.

Essen und Trinken

Im damaligen Skandinavien war die Auswahl an Nahrungsmitteln naturbedingt begrenzt. Die Wikinger ernährten sich von Fisch, Wal- und Robbenfleisch; als weitere Fleischlieferanten dienten ihnen vor allem Schweine, Ziegen, Schafe, Rinder und Pferde. Die wichtigsten Gemüsesorten waren Kohl, Erbsen und Zwiebeln. In einem großen Kessel, der inmitten des Hauses über der Feuerstelle hing, wurden daraus Eintöpfe gekocht. Auch Haferbrei, Käse, Eier und Brot gehörten zu den Grundnahrungsmitteln, gesüßt wurden die Speisen mit Honig. Wenn es kein Getreide gab, wurde Brot aus Erbsen und Kiefernborke gebacken. Oft befanden sich im Mehl Sand und Kies, was die Zähne beschädigte. Getrunken wurde viel selbstgebrautes Bier. Aber auch selbstgemachter Met – Honigwein – und Obstweine bereicherten den Festschmaus der Wikinger. Anstelle von Gläsern dienten ihnen ausgehöhlte Tierhörner als Trinkgefäße; diese wurden oft auf einen Zug geleert. Auf ihren Fahrten führten die Männer Trocken- oder Räucherfisch oder -fleisch, Nüsse, Hartkäse und Bier als Proviant mit sich.

> **Übrigens**
>
> *Auf den langen Fahrten diente den Wikingern Sauerkraut als Vitaminquelle und bewahrte sie so vor der gefürchteten Krankheit Skorbut.*

Die Kultur der Wikinger

Todesmut und Zähigkeit machten die Wikinger zu gefürchteten Kriegern, die als schier unbesiegbar galten. Sie waren Meister im Nahkampf und im Überleben. Zu Unrecht wurden sie häufig als »Barbaren aus dem Norden« bezeichnet; tatsächlich besaßen die Wikinger hervorragende Kenntnisse der Handwerkskunst und führten ein strenges Leben nach den Regeln der alten Götterwelt.

der glaube der nordmänner

Die Religion der Wikinger beruht auf den Mythen vieler germanischer Völker des Altertums. Der Schöpfungsmythos, der den Wikingern zugeschrieben wird, ist in einem Lehrbuch für Skaldendichter, der altisländischen *Edda*, der reichhaltigsten Quelle über den Wikingerglauben, festgehalten.

Das Universum und die Welt

Dem Wikingerglauben zufolge umfassten die unendlichen Äste des gigantischen Weltenbaums Yggdrasil das gesamte Universum. Der Göttervater Odin persönlich stützte die Äste und Zweige des Baums mit seinem Körper und versuchte dabei, den Sinn all dessen zu verstehen. Hoch über den Wolken auf einer einsamen Bergspitze befand sich Asgard, der Wohnsitz der Götter. Diese wachten von oben über Midgard, die Welt der Menschen unten. Darunter lauerte im Verborgenen Hel, die Unterwelt, das Totenreich und die Heimat der Riesen und Monster. Yggdrasils Stamm wäre längst verrottet, hätten die Nornen den Zersetzungsprozess nicht verhindert und hielten sie nicht darüber Wache. Dem Stamm setzten allerdings vier Hirsche zu, die pausenlos von allen Seiten her an ihm nagten; zu guter Letzt lag auf den Wurzeln des Weltenbaums auch noch lauernd der Drache Nidhöggr. Das ganze Gefüge stand somit für jedermann ersichtlich auf ziemlich wackeligem Grund und ließ ahnen, dass das Weltenende nahte. Dies war natürlich keine sehr beruhigende Vorstellung, aber vielleicht eine Erklärung dafür, dass die Nordmänner so todesmutig waren: Sie dachten, dass das Ende so oder so bevorstehe, da half ihnen auch kein Jammern ...

Der Ursprung der Götter

Die Wikinger glaubten, dass aus der Vereinigung des Urchaos' mit dem Urrind drei Göttergeschlechter hervorgegangen seien: Das älteste, das der Riesen und Ungeheuer, war ein Sinnbild des Bösen und besaß die Macht, die Welt zu vernichten. Es aufzuhalten war die Aufgabe der Wanen, des zweiten Göttergeschlechts. Die Wanen waren erdgebunden, weise, mutig und gerecht und stellten ein kosmisches Gleichgewicht her. Zwar alterten sie nicht und wurden nie krank, konnten aber getötet werden. Und da sie friedliebend und keine Kämpfer waren, konnten sie sich nicht gegen die Riesen und Ungeheuer verteidigen. Daher wurde noch ein drittes Göttergeschlecht erschaffen: die Asen. Dieses Kriegergeschlecht war stark und mächtig und besiegte die Ungeheuer mit Leichtigkeit. Ihre Macht stieg ihnen jedoch bald zu Kopf, und so verweigerten sie den Wanen den Gehorsam und strebten stattdessen danach, selbst zu herrschen. Aber auch ihre Macht war begrenzt, da sie nicht unsterblich waren. Dies zwang sie dazu, widerwillig ein Bündnis mit den Wanen einzugehen: Als Gegenleistung für treue Dienste schenkten diese ihnen jeweils ein weiteres, kostbares Lebensjahr. Gemäß dem Glaube der Wikinger drohte jedoch, wie gesagt, das Ende der Welt, die sogenannte »Götterdämmerung«, bei der schließlich alles in einem großen Chaos versinken und vernichtet werden würde.

Yggdrasil, der Weltenbaum, eine gigantische Esche, breitete sich über neun Welten aus und umspannte das gesamte Universum

1) *Asgard, die Heimat der Asen*
2) *Hlidskialf, der Hochsitz Odins*
3) *Der Göttervater Odin*
4) *Folkwang, ein Götterpalast in Asgard und Wohnsitz der Göttin Freya mit Odins großer Ruhmeshalle Walhall*
5) *Bifröst, die Regenbogenbrücke*
6) *Wanenheim, das Land der Wanen*
7) *Albenheim, die Heimat der Alben*
8) *Midgard, die Welt der Menschen*
9) *Jötunheim, das Reich der Riesen*
10) *Utgard, das Land der Riesen und Trolle*
11) *Muspellsheim, die Heimat der Feuerriesen*
12) *Schwarzalbenheim, der Wohnort der Zwerge*
13) *Hel, das Totenreich*
14) *Niflheim, das Reich des Eises, des Nebels und der Finsternis*
15) *Hvergelmir, der Ursprung aller Flüsse und die Heimat der Schlangen*
16) *Der Drache Nidhöggr*
17) *Die Midgardschlange, die die Welt umspannt*
18) *Die vier Hirsche Dain, Dwalin, Dunneir und Durathror, die an Yggdrasil, der Weltesche, nagen*
19) *Die drei Nornen Urd (das Gewordene), Werdandi (das Werdende) und Skuld (das, was da kommen soll)*
20) *Die Schlangen Goin und Moin, die die Triebe Yggdrasils abfressen*
21) *Das Eichhörnchen Ratatöskr, das üble Nachrede verbreitet*
22) *Ginnungagap, die »gähnende Kluft«, der leere Raum, den es schon vor der Schöpfung gab und der dem Chaos gleicht*

der glaube der nordmänner   ✣ 29 ✣

Riesen, Wanen und Asen

ODIN

THOR

Odin war der mächtigste aller Götter und wurde auch Allvater genannt. Er stammte von Riesen ab und erschuf das erste Menschenpaar, Ask und Embla, aus welchem die gesamte Menschheit hervorging. Odin trug sein Wissen auf den Schultern in Form von zwei Raben, Hugin und Munin, die ihm alles erzählten, was sich in der Welt ereignete. Odin wanderte umher, beständig auf der Suche nach neuem Wissen. Er tauschte sogar eines seiner Augen gegen ein Glas Wissenstrunk ein, der ihn schlau und gebildet machte. Daher trug er auch den Beinamen »Dichterkönig«. Odin besaß einen Wunschmantel, der ihn unsichtbar werden ließ und an jeden beliebigen Ort zu zaubern vermochte. Wenn er auf die Jagd ging, begleiteten ihn seine beiden Wölfe Geri (»Gierig«) und Freki (»Gefrässig«).

Thor war Odins Sohn und als »Donner- oder Wettergott« Herrscher über Blitz und Donner. Nach Odin galt er als der oberste und gefürchtetste aller Götter. Er fuhr in einem von Ziegenböcken gezogenen Wagen rollend und donnernd über die Wolken. Man fürchtete Thor auch wegen seines Kraftgürtels Megingjarder: Wenn er ihn anlegte, verlieh dieser ihm doppelte Kraft. Mittels seiner Eisenhandschuhe bändigte Thor den Zauberhammer Mjölnir, der die Blitze kontrollierte und alle Feinde zermalmte. Thor war der Beschützer von Midgard, der Welt der Menschen. Daher benannten die Menschen einen der Wochentage nach ihm: Thors Tag ist der Donnerstag.

Nun weißt du schon eine ganze Menge über den Glauben der Wikinger. Hier lernst du vier ihrer wichtigsten Gottheiten genauer kennen.

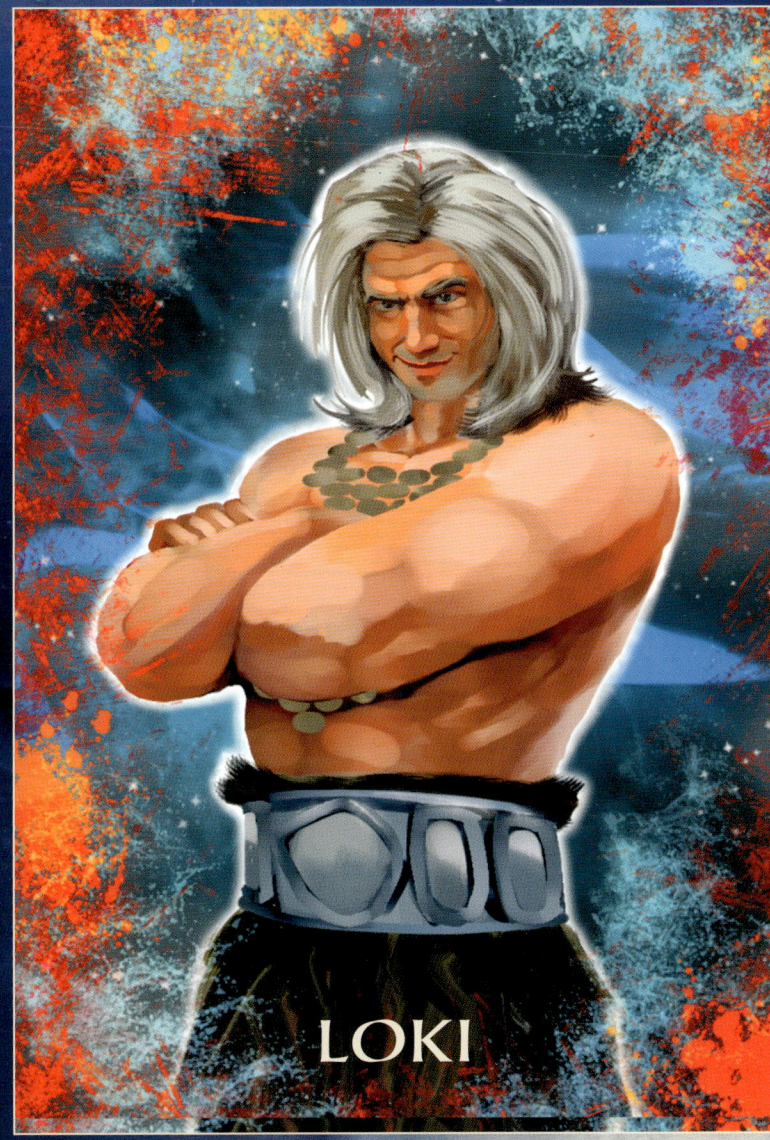

LOKI

FRIGG

Der listenreiche Gott Loki gehörte zwar zu den Asen und aber zugleich auch dem Geschlecht der Riesen zu. Odin und Thor schätzten ihn wegen seiner Klugheit und waren mit ihm befreundet. Aber er war auch für seine Verschlagenheit bekannt: Einerseits half er den Göttern, andererseits aber spielte er ihnen auch böse Streiche und scheute sich nicht, sie zu betrügen. Er war der Vater von drei erbitterten Feinden der Asen: zum einen von Hel, der Göttin des Totenreichs, zum anderen von dem unheimlichen Fenriswolf, der jeden Tag größer und größer wurde und die Welt zu verschlingen drohte, und schließlich auch von der Midgardschlange, jener die ganze Welt umspannenden, giftigen Seeschlange.

Die Asen-Göttin Frigg wurde auch Saga genannt und webte die Wolken. Sie war die Schutzherrin der Ehe und der Mutterschaft, weshalb sie häufig mit Freja verwechselt wird, der Göttin der Liebe und Fruchtbarkeit. Frigg war die Gemahlin Odins und nicht nur die Mutter weiterer Asen-Götter, sondern zugleich auch der Walküren. Diese weiblichen Geisterwesen suchten die auf dem Schlachtfeld verstorbenen tapferen Krieger aus und führten sie in die Ruhmeshalle Walhall. Auch der Göttin Frigg haben die Menschen einen Wochentag gewidmet: den Freitag.

das leben im jenseits

Die Wikinger glaubten fest an das Leben nach dem Tod und daran, dass sie dann vor den Göttern Rechenschaft über ihr vergangenes Leben ablegen mussten. Diese prüften, was für einen Charakter der Verstorbene gehabt hatte, wie es um seine Ehre und sein Ansehen bestellt war, welche Leistungen er im Kampf erbracht hatte und auf welche Weise er gestorben war. Nichts war einem Wikingerkrieger unerträglicher als der Gedanke, eines schmachvollen Todes zu sterben, und so waren die Nordmännern sehr darauf bedacht, auf ehrenvolle Weise aus dem Leben zu scheiden.

Starb ein Krieger im Kampf, war ihm nämlich der Einzug nach Walhall möglich: Walküren suchten stets die tapfersten Krieger unter den Gefallenen aus und begleiteten diese in die große Ruhmeshalle, wo Odin und seine schöne Gemahlin Frigg sie bereits erwarteten. Jeden Tag bewiesen sie vor den Göttern Mut und Geschick in harten Zweikämpfen, um sich danach auszuruhen und abends an einer großen Tafel gemeinsam zu speisen: Dann lockten Wildschweinbraten, Bier und Met in Hülle und Fülle. Feiglinge hingegen mussten in die Unterwelt Hel hinabsteigen und dort nicht enden wollenden Hunger und Mangel erdulden. Es war also von großer Bedeutung, dem Tod ehrenvoll entgegenzutreten, wollte man nicht elendig vor den mächtigen Göttern erscheinen.

Starb ein Wikinger, wurde sein Begräbnis von der Gemeinschaft organisiert und von einem Drittel seiner Hinterlassenschaft bezahlt. Man gab ihm eine seinem Stand entsprechende Ausstattung mit ins Grab; sie sollte ihm ein angenehmes und sorgenfreies Leben nach dem Tod ermöglichen. Dies konnten Nahrung, Waffen, Kleidung, Schmuck und sogar Gegenstände wie Betten, Handwerksgeräte und Ackerpflüge sein. Verstorbene Häuptlinge wurden sogar in ganzen Schiffen beerdigt, welchen neben der üppigen Ausstattung zusätzlich noch Pferde und Sklaven, die man für diesen Zweck tötete, beigegeben wurden. Menschenopfer waren keine Seltenheit – der nordische Götterglaube forderte seinen Tribut.

> *Übrigens*
> *Im Zuge des Totenrituals der Wikinger erhoben die Erben des Verstorbenen ihre Trinkgefäße auf ihn und leerten sie ihm zu Ehren.*

> *Übrigens*
> *Bevor es überhaupt zum Begräbnis kam, wurde erst einmal Gericht darüber abgehalten, ob der Tote denn auch wirklich tot war. Denn bei den Wikingern durfte nur die Gemeinschaft einen Verstorbenen für tot erklären.*

Hügelgräber

Hügelgräber gab es seit Anbeginn der Menschheit. Das höchste nordische Hügelgrab ist rund 16 Meter hoch und hat einen Umfang von 46 Metern.

das leben im jenseits

Feuerbestattung

Diese war bis zum Einzug des Christentums die häufigste Bestattungsart der Wikinger.

Schiffssetzung

Für besonders tapfere gefallene Wikinger wurden Steinschiffe gebaut, in denen sie dann beigesetzt wurden. Das größte Steinschiff, das man gefunden hat, Ales Stenar, ist über 67 Meter lang und steht in Kåseberga, Schweden.

Boots- oder Schiffsbegräbnis

Anführer wurden häufig in echten Booten und Schiffen bestattet, die mit wertvollen Grabbeigaben gefüllt und anschließend mit Erde bedeckt und zu Hügelgräbern aufgeschüttet wurden. Besonders wichtigen Wikingerkönigen gab man oft auch Pferde, Reitgeschirr, Hunde, Waffen, Schmuck, Tafelgeschirr und sogar Frauen und Sklaven mit ins Bootsgrab. Der Verstorbene sollte auch im Totenreich nicht auf seine Gefolgsleute verzichten müssen.

Feuerbestattung auf See

Diese spektakuläre Art der Bestattung, bei der ein gefallener Wikinger auf einem brennenden Boot oder Schiff auf das Meer hinausgetrieben wurde, kommt zwar in Romanen und Filmen häufig vor, wurde jedoch, den Wikingerforschern zufolge, in Wirklichkeit vielleicht nie praktiziert. Allerdings wird fast ein halbes Jahrtausend nach der Zeit der Wikinger in der isländischen Edda eine solche Feuerbestattung geschildert. Man weiß indes nicht genau, ob sie tatsächlich so stattgefunden hat oder nicht.

das urteil der götter: unterschiedliche schicksale nach dem tod

Nach dem Tod urteilten die Götter darüber, wie ein Wikinger gelebt und welche Taten er verbracht hatte. Und je nachdem, wie ihr Urteil ausfiel, standen dem Verstorbenen unterschiedliche Schicksale im Jenseits bevor:

1) *Einzug in Walhall, Odins Ruhmeshalle*
   Dies war die höchste Ehre, die einem Wikinger nach dem Tod zuteil werden konnte.

2) *Einzug in Folkwang, Freyas Götterpalast und an Walhall angrenzender Saal*
   Auch dies war ein Aufentshaltsort im Jenseits, den die Wikinger freudig anstrebten.

3) *Einzug in Niflheim, das Land des ewigen Eises und des Nebels*
   Dies war keine angenehme Aussicht für einen Nordmann.

4) *Einzug in Hel, die Unterwelt und das Totenreich der Göttin Hel*
   Dies war eine Möglichkeit, die ein jeder Wikinger fürchtete.

5) *Wiederkehr als »Totengänger«, als ein von der Hölle abgewiesener lebender Toter*
   Dies war sicherlich das schlimmste Schicksal, das einem Verstorbenen widerfahren konnte.

6) *Zusammenleben mit den verstorbenen Ahnen*
   Dieses Schicksal wurde von den Wikingern je nachdem als gut oder schlecht angesehen.

der einzug des christentums

Die Altertumsforscher nehmen an, dass der Einzug des christlichen Glaubens bei den Nordmännern verschiedene Ursachen hatte. So erbeuteten die Wikinger im Zuge ihrer Plünderfahrten auf christianisierte Inseln religiöse Kultgegenstände aus Kirchen, die – wenn sie besonders schön waren – nicht wie der Rest eingeschmolzen, sondern verwahrt und bewundert wurden. Einen weiteren Einfluss übten die während der Beutezüge verschleppten Opfer aus, unter denen sich etliche Christen befanden. Diese lebten später als Sklaven in den Wikingersiedlungen, und so flossen ihre religiösen Bräuche in den Alltag der Nordmänner ein. Auch auf dem Wege des Handels gelangte das Christentum zu den Wikingern: Gewiefte Händler, die sie waren, erkannten sie schnell, dass sie, wenn sie sich taufen ließen, eher das Vertrauen der christlichen Geschäftspartner gewinnen konnten. All diese unterschiedlichen Einflüsse wirkten über mehrere Jahrhunderte hinweg zusammen. Zu guter Letzt vollendeten Missionare, also Christen, die Andersgläubige zu ihrem Glauben zu bekehren suchten, das Werk: Sie überzeugten die Wikinger, sich dem Christentum anzuschließen. Die Wahl zwischen der bevorstehenden Götterdämmerung mit Weltuntergang einerseits und dem auf Nächstenliebe und der Aussicht auf das Paradies gestützen Christentum andererseits fiel nicht schwer. Die Wikinger ließen sich also gern vom Christentum überzeugen und erklärten dieses um die Zeit der Jahrtausendwende herum schließlich zu ihrer neuen Religion. Dabei flossen allerdings viele Vorstellungen und Rituale aus der nordischen Götterwelt in die des neuen Glaubens mit ein und verschmolzen mit ihm.

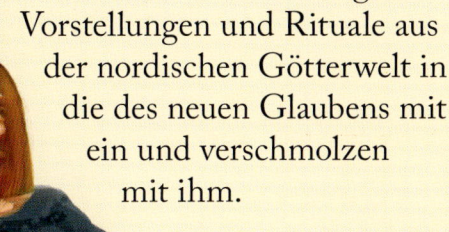

Die Feste der Nordmänner

Die Wikinger liebten das Feiern – vor allem deswegen, weil es ihnen Gelegenheit bot, über den Durst hinaus zu trinken. Anlässe dazu gab es reichlich. Die meisten Feste der Wikinger waren hauptsächlich auf die Jahreszeiten abgestimmt, und dabei drehte sich vieles um die Fruchtbarkeit. Die drei wichtigsten Feierlichkeiten der Nordmänner waren die Sommersonnenwende im Juni, das Erntedankfest Ende September und die Wintersonnenwende Ende Dezember/Anfang Januar. Einige dieser Feste waren so beliebt, dass sie, unter anderen Namen, auch in unserer heutigen Zeit noch begangen werden; so findet sich beispielsweise die Sonnenwendfeier in unserem christlich geprägten Johannisfest wieder. Und das Erntedankfest ist beinahe unverändert erhalten geblieben.

> **Übrigens**
> Die Wikinger orientierten sich vermutlich am Mondkalender und teilten das Jahr in ein Sommer- und ein Winterhalbjahr und diese wiederum in Quartale.

Festivitäten im germanischen Jahreskreis

Januar (im germanischen Kalender »Hartung« genannt)

❧ *Das Perchtenfest*
Das neue Jahr wurde mit einem tosenden Umzug von sogenannten »Perchten«, Maskenträgern, willkommen geheißen. Dabei huldigte man den Göttern Odin, Hönir und Loki. Durch den Einfluss der christlichen Kirche ging dieses Ritual später in den Dreikönigsumzügen auf.

❧ *Das Mittwinteropferfest*
Dies war ein Fest zu Ehren des Gottes Thor, der in diesem Monat gegen die Eisriesen kämpfte.

❧ *Das »Fröblot«*
Bei der Feier im Gedenken an den Gott Frey, den Licht- und Fruchtbarkeitsgott, wurde eine Strohfigur, die den Winter darstellte, auf einem Hügel verbrannt. Außerdem vollzog man ein Fruchtbarkeitsritual, bei dem die Nutztiere mit Haselnuss- und Birkenzweigen berührt wurden.

❧ *Die Fastnacht*
Das Ende des Eises wurde mit aufgesetzten Tiermasken gebührend gefeiert.

Februar (germanisch »Hornung«)

❧ *Der Disenopfertag*
Diese Feier wurde begangen, indem man drei Tage lang die Ahnen ehrte sowie den Naturgöttern mitsamt ihrer Herrscherin Freya huldigte.

❧ *Die Frühjahrs-Tagundnachtgleiche*

März (»Lenzing«)

❧ *Die Feier der Jugend*
Ein Fest zu Ehren der Göttin Iduna.

❧ *»Ostara«*
Drei Tage lang feierte man die Rückkehr der Zugvögel und den Einzug des Frühlings. Für die Fruchtbarkeitsgöttin Nerthus wurde ein karnevalartiger Umzug veranstaltet. Die christliche Kirche überformte dieses Fest mit dem Osterfest.

April (»Ostermond«)

❧ *Der Wandelmond*
An diesem Tag wurden allerhand Schabernack und Scherze getrieben. Wir kennen dies auch heute noch als »April-Scherze«.

❧ *Die Begrüßung des Sommers*
Bei diesem Sommerfest wurde den Alben und erneut dem Gott Frey gehuldigt.

❧ *Die Walpurgisnacht*
In der Nacht auf den 1. Mai feierte man die Hochzeit der großen Göttin Walpurga und bat um Kindersegen, ertragreiche Ernten und gesunde Tiere.

Mai (»Wonnemond«)

❧ *Die Hohen Maien*
Bei diesem rauschenden Fruchtbarkeitsfest, bei dem es hoch herging, wurde die Vermählung Odins mit Frigg gefeiert.

Juni (»Brachet«)

❧ *Die Sommersonnenwende*
Den Göttern Sunna, Balder, Loki und Saga wurde bei dieser Feier gehuldigt. Für sie schmückte man Brunnen und Teiche.

Juli (»Heuert«)

❧ *Die Leinenernte*
Hier feierte man den Erfolg der begonnenen Ernte.

Die Wochentage

altnor-wegisch	norwegisch	deutsch	englisch	Bedeutung
Manadagr	Mandag	Montag	Monday	Tag des Mondes (Mani)
Tyrsdagr	Tirsdag	Dienstag	Tuesday	Tag des Tyr
Odinsdagr	Onsdag	Mittwoch	Wednesday	Tag des Odin (Wotan)
Thorsdagr	Torsdag	Donnerstag	Thursday	Tag des Thor (Donar)
Frejadagr	Fredag	Freitag	Friday	Tag der Freyja
Laugardagr	Lördag	Samstag	Saturday	Tag des Saturn, Laugentag (Badetag)
Sunnudagr	Söndag	Sonntag	Sunday	Tag der Sonne (Sunna)

✵ *Das »Thing«*
Die große Jahresversammlung, zu Ehren des Gottes Tyr begangen, wurde meist vor oder nach der Ernte abgehalten.

✵ *Die Getreidefeste*
An den letzten Abenden im Juli gedachte man mit diesen Festivitäten den Göttern Thor, Frey und Sif.

August (»Ernting«)

✵ *Das Erntedankfest*
Auch dies war eine Feier zur Anbetung des Gottes Thor, der das schlechte Wetter abhalten und die Ernte bewahren sollte.

September (»Scheiding«)

✵ *Das Herbstopferfest (Die Tagundnachtgleiche)*
Hier feierte man die anbrechende Jagdzeit.

✵ *Das Erntedankfest*
Nach dem Einholen der Ernte wurde den Göttern Thor, Frey, Sif und Balder gedankt und ihnen zu Ehre drei Tage lang gefeiert.

Oktober (»Gilbhart«)

✵ *Das zweite Disenopferfest*
Bei dem zweiten Disenopferfest huldigte man den verschiedenen Erd-, Natur- und Schutzgeistern, damit das nächste Jahr friedlich verlaufen, die Ernte ergiebig sein und Kinderwünsche sich erfüllen sollten.

✵ *Das »Samhain«*
Bei diesem Totenfest in der Nacht vom 31. Oktober auf den 1. November gedachte man der Ahnen. Deren Geister durften an diesem Tag ausnahmsweise aus der Unterwelt zurückkehren, um ihre Verwandten zu besuchen. Damit sie sich nicht im Wege irrten, stellte man Lichter in die Fenster. Daraus entwickelte sich die heutige Kürbisleuchte.

November (»Nebelung«)

siehe »Samhain«

Dezember (»Julmond«)

✵ *»Sonarblot« – das Fest der Sonne*
Im »Julmond« musste die gesamte Arbeit des Jahres erledigt sein. Dann feierte man zwölf Nächte hindurch: eine Nacht für jeden Monat des Jahres.

✵ *»Yule«, die Wintersonnenwende*
Die Sonnenwendfeier im Winter war, wie gesagt, eines der drei wichtigsten Feste im Jahr. Gehuldigt wurde den Göttern Odin und Frey sowie Frigg und Freya.

Zusätzlich zu diesen Feiertagen gab es die folgenden Anlässe zu ausgiebigem Feiern:

- ✵ Pferdekämpfe
- ✵ Ringkämpfe
- ✵ Gewichtheben
- ✵ sonstige Wettkämpfe
- ✵ Die Wahl neuer Anführer
- ✵ Die Planung von Raubzügen

die künste der wikinger

Die katholischen Mönche im Mittelalter glaubten zuerst, die wilden Nordmänner könnten weder lesen noch schreiben, doch sie irrten sich. Denn die Wikinger benutzten eine eigene Schrift, sogenannte Runen, die außer ihnen praktisch kaum jemand lesen und deuten konnte. Diese Zeichen brachten sie mit Geschick und viel Geduld auf verschiedene Materialien auf. Außerdem versahen sie Schmuck und Waffen mit kunstvollen Verzierungen, die Menschen, Tiere und Pflanzen darstellten. Sie waren in ihrer Art einzigartig und damit unverkennbar. Aber die rauen Wikinger widmeten sich auch der Dichtkunst: Viele Erkenntnisse über ihr Leben verdanken wir den Schilderungen der Skaldendichtung.

Runensteine

Runensteine wurden zumeist als Denkmäler zur Erinnerung an Verstorbene errichtet. In Skandinavien fand man bisher knapp 6 000 solcher häufig meterhohen Steine.

Runen

Die Runenzeichen waren lange vor der Einführung des auch von uns heute noch verwendeten lateinischen Alphabets in Gebrauch. Um 700 nach Christus waren sie in den anderen Teilen Europas praktisch verschwunden, in den nordischen Ländern hielt sich die Zeichenschrift jedoch noch bis weit ins 15. Jahrhundert hinein. Die Runen wurden mit Messerspitzen in Materialien wie Holz, Metall, Steine und sogar Knochen geritzt und geschnitten. So hinterließen Wikinger-Söldner, also gegen Bezahlung angeworbene Krieger, beispielsweise die Waräger, Botschaften an andere Wikinger in Form von Runenzeichen, die sie in Konstantinopel an Bauten wie etwa der Hagia Sophia, der berühmten Sophienkirche, die ein Wahrzeichen noch des heutigen Istanbuls ist, einritzten. Aber hauptsächlich brachte man die geheimnisvollen Zeichen auf sogenannten Runensteinen – Grenzpfosten und Gedenksteinen – sowie an Brücken und Straßen an.

Übrigens
Viele Runensteine wurden auch für oder von Wikingerfrauen gesetzt.

Ornamentik
(die Kunst der Verzierung)

Verzierungen wurden vor allem bei der Schmuckherstellung und in der Holzschnitzerei eingesetzt, aber auch bei der Bearbeitung von Runensteinen. Die Wikinger stellten am liebsten Figuren, also Menschen, Tiere und Pflanzen, oder geometrische Formen wie Kreise, Dreiecke usw. dar. Aber auch klare Schlaufen- und Flechtmuster waren sehr häufig anzutreffen.

Skaldik
(die Dichtkunst der Wikinger)

Mit »Skaldik« wird die Wikingerdichtung im eigentlichen Sinn bezeichnet. Sie ist in Norwegen entstanden und wurde von höfischen Dichtern meist spontan vorgesungen. Von den frühen Skaldendichtern sagte man, sie seien von den Göttern inspiriert gewesen. Die meisten Skalden waren Männer, es gab jedoch auch einige Dichterinnen. Insgesamt sind über 300 berühmte Skalden der Wikinger bekannt. Ein bekanntes Skaldengedicht ist beispielsweise das »Ynglingatal«: Es beschreibt in 38 Strophen die Abstammung eines Herrschergeschlechts, das angeblich bis auf Gott Odin selbst zurückgeht. Die Skaldendichtung ist die ergiebigste und verlässlichste Quelle der Wikingerforschung.

Edda

Zwei in altisländischer Sprache verfasste Werke tragen den Namen *Edda*. Beide stammen aus dem 13. Jahrhundert, sind also erst nach der Wikingerzeit entstanden, haben aber Götter- und Heldensagen hauptsächlich aus dieser Zeit zum Thema. Eines der beiden ist eine Art Lehrbuch für die Skaldendichtung, das andere eine Sammlung von Helden- und Götterdichtungen, bei denen es meist um Tapferkeit, Mord, Rache und Tod geht.

Saga

»Saga«, abgeleitet von dem isländischen Wort *segja*, »sagen«, »erzählen«, bedeutet »Bericht«, also die Erzählung eines Geschehnisses. Eine Saga wurde immer schriftlich festgehalten, auch wenn sie ursprünglich auf die mündlich weitergegebenen Götter- und Heldensagen zurückgeht. Die Isländersagas spielen meist in der Wikingerzeit, und in ihnen treten bedeutende Personen dieser Kultur auf. So wurden etwa die Taten Ivars des Knochenlosen erzählt. Von ihm heißt es, er trüge diesen Beinamen, weil ein Fluch ihn getroffen und seine Beine so schwach gemacht habe, dass er immer auf einem Schild getragen werden musste; heutige Forscher vermuten jedoch, dass er an einer seltenen Krankheit litt. Auch die Taten anderer berühmter Wikinger wie Eric Blutaxt, der aus Machtgier seine eigenen Brüder erschlug, sind in Sagas festgehalten. Aufgeschrieben wurden sie allerdings erst mehrere Jahrhunderte später.

odins kinder: entdecker, händler und piraten

Wenn am Horizont die Drachenschiffe auftauchten, brach unter den Küstenbewohnern die Panik aus. Sie ließen alles stehen und liegen und verließen fluchtartig ihr Zuhause. Aber die Nordmänner brachten nicht nur Tod und Verderben, sondern auch neue kulturelle Einflüsse und einen anderen Lebensgeist.

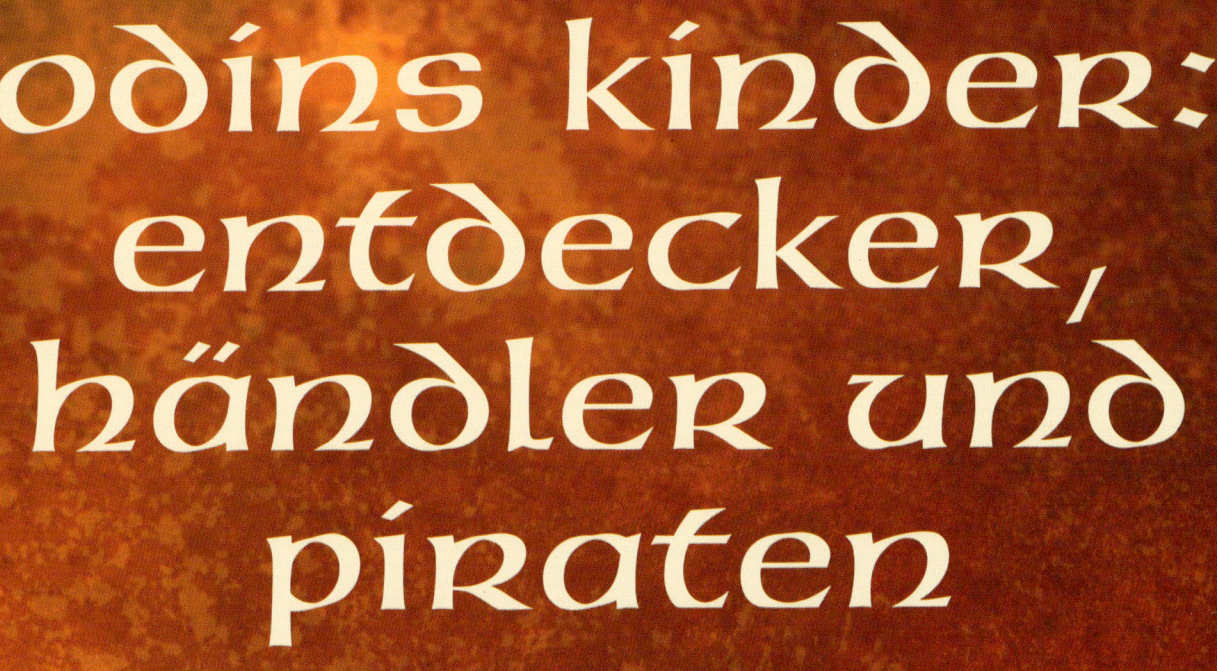

Die Drachenschiffe

Es gab nur zwei Arten von Wikingerschiffen: Langschiffe und Frachtschiffe. Beide hatten ein Deck und waren sowohl zum Segeln als auch zum Rudern geeignet. Besonders die Langschiffe boten reichlich Platz für Ruderer – darin bestand das Erfolgsrezept der gefürchteten »Drachenboote«, wie man sie nannte: Sie waren unheimlich schnell und wendig. Gab es genug Wind, setzte man das Segel und ließ die frische Brise die Arbeit tun. Flaute diese jedoch ab, wurde hurtig das Segel eingeholt, der Mast gekippt und quer auf dem Deck oder mit der Ladung vertäut. Dann setzten sich die starken Nordmänner an die Riemen und verwandelten das Langschiff in ein pfeilschnelles Ruderboot: 136 Ruderer konnten ein Drachenboot regelrecht über das Wasser »peitschen«. Selbst die »Kaupskips«, wie die Fracht- und Handelsschiffe der Wikinger hießen, boten noch ausreichend Platz für Rudermannschaften, mit deren Hilfe sich die Seefahrt erheblich verkürzte.

Das Fracht- oder Handelsschiff

Die Wikinger benutzten die »Kaupskip«, das große Frachtschiff, in erster Linie zum Transportieren von Beute und Handelsware. Es war langsamer als das Langschiff und bot weder der Besatzung noch der Ladung wirksamen Schutz. Dennoch wurde es für die großen Fahrten über den Atlantik und, wegen seiner hohen Bordwand, auch gerne in Schlachten eingesetzt. Zwar war es hauptsächlich aufs Segeln ausgerichtet, doch konnte es bei Bedarf auch problemlos gerudert werden. Die Fracht befand sich im Mittelteil des Schiffes, die Ruder jeweils vorn und achtern (hinten). Der Segelmast konnte – anders als beim Langschiff – nicht gekippt werden, sondern war fest verankert. Im Vergleich zum Langschiff war zudem die Besatzung zahlenmäßig geringer.

die drachenschiffe

※ 43 ※

Der Drachenkopf
Das Wahrzeichen der Langschiffe. Er verlieh ihnen das Aussehen eines »Untiers«, dessen Leib der Schiffsrumpf, dessen Beine die Ruder und dessen Flügel das Segel waren. Er war aus Buchenholz geschnitzt und am Steven befestigt.

Das Häuptlingsdeck »Lypting«
Ein erhöhtes Deck am Heck, auf dem sich der Häuptling, seine Mannen und der Rudergast, nämlich der Seemann, der das Schiff nach Anweisungen mit dem Ruder steuerte, aufhielten.

»Fyrirrúm«
Der Raum davor wurde »Fyrirrúm« genannt. Hier stand die Waffenkiste und hier hielten sich die vornehmsten Wikinger während der Schlacht auf.

»Krapparúm«
Dies war wohl der größte Raum des Schiffes. Er diente der Mannschaft und während der Schlacht den Ruderern als Aufenthaltsort. In seiner Mitte stand der Mast.

Kojen (»rúm«)
Unter den Ruderbänken, von einer Planke bedeckt, befanden sich niedrige Kammern, sogenannte »rúm« für jeweils drei bis vier Personen. Sie boten je einen Schlafplatz (»halfrými«) und eine Aufbewahrungskiste (»halfrýmikista«).

Das Langschiff

Die Langschiffe der Wikinger waren in erster Linie Kriegsschiffe. Die Anzahl der Rudersitze (»sessa«) an einer Seite bestimmte die Bezeichnung des Schiffstyps; verdoppelte man sie, erhielt man demnach die Anzahl aller Ruderer. Das kleinste Langschiff war der Dreizehnsitzer mit 26 Ruderern und am weitesten verbreitet der Zwanzigsitzer mit 40 Ruderern. Langschiffe mit 60 bis 70 Ruderern waren allerdings auch keine Seltenheit. Das größte Langschiff soll angeblich ein Sechzigsitzer mit 120 Ruderern gewesen sein und dem dänischen König Knut dem Großen gehört haben.

Die Boote

Kleine, wendige Boote wurden beispielsweise für die Seehundjagd verwendet. Sie boten in der Regel Platz für zwei bis drei Ruderer; es gab aber auch Boote für fünf Ruderer mit einem sechsten Mann am Steuer. Jedes größere Schiff führte zwei kleinere Beiboote mit, eines hinter dem Mast und eines im Schlepptau.

das schiff und seine besatzung

Die Wikinger waren keine »Berufsseefahrer«, sondern unternahmen gelegentliche oder regelmäßige Plünderfahrten, die im Voraus geplant wurden. Und dennoch waren sie ganz ausgezeichnete Seeleute. Das Geheimnis ihres Erfolgs bestand darin, dass jeder einzelne Wikinger auf dem Schiff die ihm zugeteilte Aufgabe genau erfüllte und damit seinen Beitrag zum Überleben aller Mitfahrenden leistete. Die Redewendung »Jede Kette ist nur so stark wie ihr schwächstes Glied« wurde bei den Wikingern sehr ernst genommen, und jeder tat sein Bestes, um das Gefüge der Kette stabil zu erhalten. Bei ihren Überfällen waren die Nordmänner außerordentlich erfolgreich. Aber schauen wir uns die Mannschaft und Ausrüstung einmal näher an.

Die Mannschaft

Der Schiffsführer (»skipherra«)
Er hatte uneingeschränkte Befehlsgewalt. Ein *skipherra* auf einem Kriegsschiff sollte unverheiratet sein und keinen eigenen Hausstand besitzen.

Die Rudermannschaft (»hásetar«)
Die Ruderer leisteten ihre Tätigkeit abwechselnd am Segel, am Steuerrad und an den Rudern ab.

Der Schiffskoch (»matsveinn«)
An Bord gab es keine Feuerstelle, daher konnte der Schiffskoch nur bei Landgängen warmes Essen zubereiten.

Es gab mehrere Wachtposten:
Die »stafnbúar«
Sie behielten das Fahrwasser im Auge.

Die »sjónarvörðr«
Sie hielten nach dem Feind Ausschau.

Die »bergvörðr«
Sie achteten auf Schären, also Landerhebungen im Wasser und kleine Inseln.

Die »rávörðr«
Sie überwachten das Segel.

Nachtwache
Wer Nachtwache zu halten hatte, wurde durch das Los entschieden.

Die Ausrüstung

Schöpfkelle (»austr«) und Kübel (»austrbytta«)
Sie dienten dazu, das Regenwasser aus dem Schiff zu schöpfen.

Segeltuch (»Vadmel) und »Nadel (»Gaura«)
Damit konnte das Segel repariert werden.

Der Quergurt (»þergyrðingar«)
Mit dem Quergurt konnten die Planken festgezogen werden, um zu verhindern, dass sie sich bei Sturm lockerten.

Werkzeuge
Dies waren Enterhaken, Spieker (ein Werkzeug zum Zusammenfügen von Tauwerk), Nietnägel, Lotleinen, Zimmermannsbeile, Hohlmeißel und Bohrer.

Die Übernachtung

Die Mannschaft übernachtete an Bord, bei Küstenfahrten ankerte dieses an einem Liegeplatz am Ufer. Die Männer verfügten über Doppelschlafsäcke, sogenannte »húðfat«.

Die Verpflegung

Jeder Ruderer besaß ein Riemen (= Ruder), ein Zelt, Mehl und Butter für zwei Monate, Stockfisch, Brot und Wasser.

Die Navigation (Steuermannskunst)

Die Wikinger orientierten sich an den »vier Ecken des Himmels«: Norden, Süden, Osten und Westen. Diese unterteilten sie in vier weitere Achsen. Die Richtung ihrer Fahrt bestimmten sie im Verhältnis zum Festland, in dessen Nähe sie meist blieben. Sie benutzten zur Orientierung aber auch die Wetterfahne und den Sonnenkompass, einen Sonnenstein aus transparenten Kristallen.

das schiff und seine besatzung

Taue
Die Taue der Wikinger bestanden aus Hanf oder Seehundhaut, die Masttaue aus Walrosshaut.

Die Rah
Die Rah ist eine quer am Mast angebrachte, segeltragende Rundstange.

Das Rahsegel
Das Rahsegel bestand aus mehreren zu einem Rechteck zusammengenähten Stoffbahnen, die mit Ocker, Fett und Teer nachbehandelt wurden.

Der Mast »kolsvartir viðir« (»kohlschwarzer Mast«)
Dies war ein geteerter Tannenstamm mit Mastkorb, der sich schnell herausnehmen und umlegen ließ.

Das Steuerruder
Das Steuerruder war an der Seite des Wikingerschiffs angebracht; daher kommt der Begriff »Steuerbord«.

Der Spreizmast («áss«)
Hiermit ist die untere segelspreizende Rundstange gemeint.

Die Ruder oder Riemen
Die Ruder waren aus Kiefernholz gearbeitet, gehobelt und geteert und konnten von zwei Männern geführt werden.

Anker (»akkeri«)
Die Wikinger verwendeten eiserne Anker nach dem Vorbild der Römer.

die gefahr aus dem norden

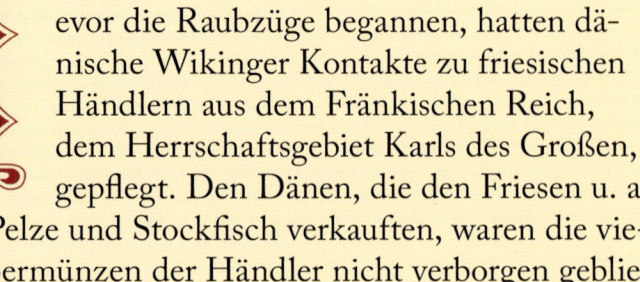

Bevor die Raubzüge begannen, hatten dänische Wikinger Kontakte zu friesischen Händlern aus dem Fränkischen Reich, dem Herrschaftsgebiet Karls des Großen, gepflegt. Den Dänen, die den Friesen u. a. Holz, Pelze und Stockfisch verkauften, waren die vielen Silbermünzen der Händler nicht verborgen geblieben und hatten Begehrlichkeiten geweckt. War es denn nicht sehr viel einfacher, das Gold und Silber der Handelspartner zu stehlen und sich somit Arbeit zu ersparen? Denn es schien im Süden unerschöpfliche Quellen an Edelmetallen zu geben (so lieferten etwa die Minen im Harz das begehrte Silber, das fachmännisch abgebaut wurde und aus dem man Münzen prägte).

Es dauerte daher auch nicht sehr lange, bis sich dänische Wikinger aufmachten, um über die Nordsee zu den friesischen Nachbarn zu segeln. Doch das Reich Karls des Großen war wohlorganisiert und das Heer daher in der Lage, die Dänen abzuwehren und aufs Meer zurückzujagen. Einmal geweckte Begehrlichkeiten lassen sich allerdings nicht so leicht unterdrücken: Fortan wuchs die Zahl der Wikingerangriffe, und es wurde immer schwerer sie aufzuhalten ...

Norwegische Wikinger

Die »Finn« (die »Weißen«), wie man die Norweger wegen ihrer weiß bemalten Schilde nannte, segelten weit hinaus aufs offene Meer in Richtung Westen und landeten auf den Shetland- und den Orkney-Inseln, den Hybriden, in Irland, Schottland, auf der Insel Man und in Wales.

die gefahr aus dem norden

Dänische Wikinger

Die »Dhub« (die »Schwarzen«), Dänen, die ihren Namen ihren schwarz bemalten Schilden verdankten, versuchten ihr Glück an der Westküste Englands und segelten die europäische Küste entlang bis zur südlichen Bretagne.

Schwedische Wikinger

Die »Rus« (die »Ruderer«) wurden die schwedischen Wikinger genannt. Sie segelten nach Osten und gelangten über Seen und Wasserwege in die fernen Gebiete der Slawen, Chasaren, Byzantiner und Araber, überquerten das Schwarze und das Kaspische Meer und erreichten schließlich Konstantinopel, Bagdad und sogar das entlegene Samarkand.

beutefahrt ins ungewisse: die norwegischen »finn«

Die »Finn« waren die Entdecker und Eroberer unter den Wikingern. Dies mag daran gelegen haben, dass der schier endlose Küstenverlauf Norwegens mit seiner Vielzahl an Buchten und Fjorden keine idealen Lebensbedingungen bot, weshalb die Wikinger begannen, sich im Wettstreit um den so knappen fruchtbaren Boden gegenseitig zu überfallen. Als Strafe darauf standen Tod oder Verbannung. Wählte der zu Bestrafende die Verbannung, musste er weitab in fremdes Gebiet übersiedeln, wo er keinen Schaden mehr anrichten konnte. Und was war da naheliegender, als Neuland fern der Heimat zu besiedeln, das man kurz zuvor auf Erkundungsfahrten entdeckt hatte? So packten die Straftäter also ihr Hab und Gut zusammen und gingen mit treuen Begleitern auf große Fahrt. Eher wollten sie unterwegs sterben, als weiterhin die Schmach der Schande zu ertragen. Auf diese Weise besiedelten Wikinger u. a. die Färöer-Inseln, gründeten, wie Erik der Rote, Siedlungen in Island und Grönland und erreichten schließlich Nordamerika – fast 500 Jahre vor Christoph Kolumbus: Leif Eriksson, auch Leif der Glückliche genannt und Sohn Eriks des Roten, landete um das Jahr 1000 in Neufundland und gründete dort sogar eine Siedlung.

Die Shetland-Inseln

Die Shetlands waren vermutlich die erste Inselgruppe, die die norwegischen Wikinger auf ihrer im Jahr 780 begonnenen Suche nach Neuland zum Ansiedeln in Richtung Westen erreichten. Auf ihr hatten bis dahin nur Kelten gelebt: Skoten aus Irland und Pikten aus Schottland. Die gelandeten Wikinger zwangen den Einwohnern schnell ihre eigenen Gesetze und ihre Sprache, das Norn – einen nordischen Dialekt –, auf.

Hebriden

Als gegen Ende des 8. Jahrhunderts norwegische Wikinger auf den Hebriden landeten, lebten dort, wie auch auf den Shetland-Inseln, zunächst nur irische Skoten und Gälen sowie einige Pikten vom schottischen Festland. Aber bald schon errichteten Skandinavier feste Stützpunkte und vermischten sich mit der Bevölkerung. Sie bildeten eine eigene nordisch-gälische Sprachgruppe, die Gall-Gaidel – die später sogar ihr eigenes Land beherrschen sollten, Galloway, im Südwesten Schottlands.

Schottland

Den Überlieferungen zufolge plünderten im Jahr 793 norwegische Wikinger das schottische Kloster Lindisfarne, das auf einer vorgelagerten kleinen Insel an der Nordostküste Schottlands stand. Den auf das nahe gelegene Festland landenden Nordmännern müssen die hügeligen Landschaften des schottischen Festlands vorgekommen sein wie das Paradies. Häufige Regenfälle ließen saftiges Gras sprießen. Im Norden herrschten kühles, arktisches Klima und die niedrigsten Temperaturen ganz Großbritanniens. Am Fuße mächtiger Berge mit nebelverhüllten Gipfeln mündeten Flüsse mit klarem, sauberem Wasser in fischreiche Seen. Im Süden erstreckten sich satte Graslandschaften in die Ferne, die schließlich in üppige, dichte Wälder mit reichlich Rotwild übergingen. Dies waren ideale Bedingungen, um wie zu Hause zu fischen, Landwirtschaft zu betreiben und zu jagen. So nimmt es nicht weiter Wunder, dass die Wikinger nur schnell noch einmal in die alte Heimat segelten, um alsbald mit Sack und Pack in das neu gefundene Paradies zurückzukehren.

Irland

Nach der Besiedelung der nördlichen Inseln dauerte es nicht mehr lange, bis norwegische Wikinger auch in Irland landeten. Der erste Wikingerüberfall auf irischem Boden ist für das Jahr 795 belegt; er markierte den Beginn wiederkehrender Wellen von Plünderungen norwegischer Wikinger, die sich zwei Jahrhunderte lang fortsetzen sollten. Wegen der begehrten wertvollen religiösen Gegenstände waren besonders die Klöster betroffen. Vom Osten her stießen die Wikinger immer wieder in das Innere der Insel vor und erreichten irgendwann auch die Westküste. Schließlich errichteten sie dauerhafte Stützpunkte, um dort die Wintermonate zu verbringen: Im Osten entstanden Wexford und Corck und im Westen Limerick.

Aber auch dänische Wikinger – genauer gesagt, ihre Nachkommen aus der Normandie – begannen sich für Irland zu interessieren und nun ihrerseits dort anzulanden. Dänische Wikinger errichteten im Jahr 841 den Stützpunkt Dublin (von »dhub« = schwarz, Bezeichnung für die dänischen Wikinger), der rasch zur Wikingerstadt heranwuchs und von wo aus regelmäßig Überfälle ins Landesinnere vorgenommen wurden. So blieben die Konflikte nicht aus, und es kam im Jahr 851 zur blutigen Schlacht zwischen norwegischen und dänischen Wikingern.

Die Insel Man

Die Insel Man ist eine der britischen Inseln und liegt zwischen Großbritannien und Irland mitten in der irischen See, südlich der Hebriden – für die Wikinger also sozusagen »nur einen Steinwurf« von der Heimat entfernt. Auch sie wurde ab dem Jahr 780 von norwegischen Wikingern besiedelt und als Außenposten für Raubzüge nach Irland und Schottland genutzt. Viele der gelandeten Wikinger heirateten einheimische Frauen und ließen sich auf der Insel nieder. Heute befindet sich die Insel praktisch im Privatbesitz der englischen Queen und gehört weder zum Vereinten Königreich noch der EU.

Reise bis ans ende der welt

Wind, Wetter, Strömungen und die Gnade der Götter beförderten die norwegischen Wikinger auf ihren unermüdlichen Erkundungsfahrten in die entlegendsten Gebiete einer bis dahin unbekannten Welt. Viele der Inseln, die sie unterwegs entdeckten, tragen noch heute die alten skandinavischen Namen.

Die Färöer-Inseln

Angeblich sind die norwegischen Wikinger nur aus Versehen auf die Färöer-Inseln gestoßen. Es heißt, sie seien auf dem Weg zu den Shetland-Inseln gewesen und dann an diesen vorbeigesegelt. In jedem Fall waren die Färöer-Inseln schon lange, bevor die Wikinger ihren Fuß auf sie setzten, von irischen Einsiedlern bewohnt. Die Wikinger vertrieben die Bewohner von den »Schafsinseln«, wie sie die 18 Inseln mit den zahllosen Schafen nannten. Auf den Färöer-Inseln gibt es keine Bäume. Dort ist aber eines der ältesten Parlamente der Welt zu Hause: das »Løgting«, dessen Ursprung bis ins Jahr 900 zurückreicht.

Island

Angeblich soll der schwedische Wikinger Gardar Svavarsson im Jahr 870 die Insel neben dem Nordpolarmeer entdeckt haben. Island war schon von knapp 400 Siedlern – Pikten und Skoten – bevölkert, bevor die norwegischen Wikinger auf der Insel landeten. Diese verdankt ihren Namen »Eisland« ihrem strengen Klima. Auch in Island gab es eines der ersten Parlamente der Welt: das »Althing«, das bis ins Jahr 930 zurückdatiert werden kann.

Grönland

Ihren Namen »Grünland«, wie Erik der Rote die Insel nannte, verdankt sie vermutlich dem Umstand, dass sie während der warmen Jahreszeit, in welche Eriks Eintreffen fiel, viele Graslandschaften offenbarte, die sonst von Schnee bedeckt sind. Entdeckt wurde Grönland allerdings schon sieben Jahre zuvor von dem norwegischen Wikinger Gunnbjørn Úlksson, der auf dem Weg von Norwegen nach Island vom Kurs abkam und dabei Sichtkontakt zu Grönland hatte; er ging jedoch nicht an Land, sondern segelte weiter nach Island. Da Grönland zu Nordamerika gehört, bedeutete dies die erste Sichtung Amerikas durch einen Europäer. Erik der Rote nun landete im Jahr 982 in Grönland, weil er wegen Mordes für drei Jahre aus Island verbannt worden war. Er hatte die Berichte von Gunnbjørns Entdeckung gehört und sich an der beschriebenen Stelle auf die Suche nach einer neuen Heimat für sich und sein Gefolge gemacht.

Als Erik wieder nach Island zurückkehrte, hatte er die Südküste Grönlands ausgiebig ausgekund-

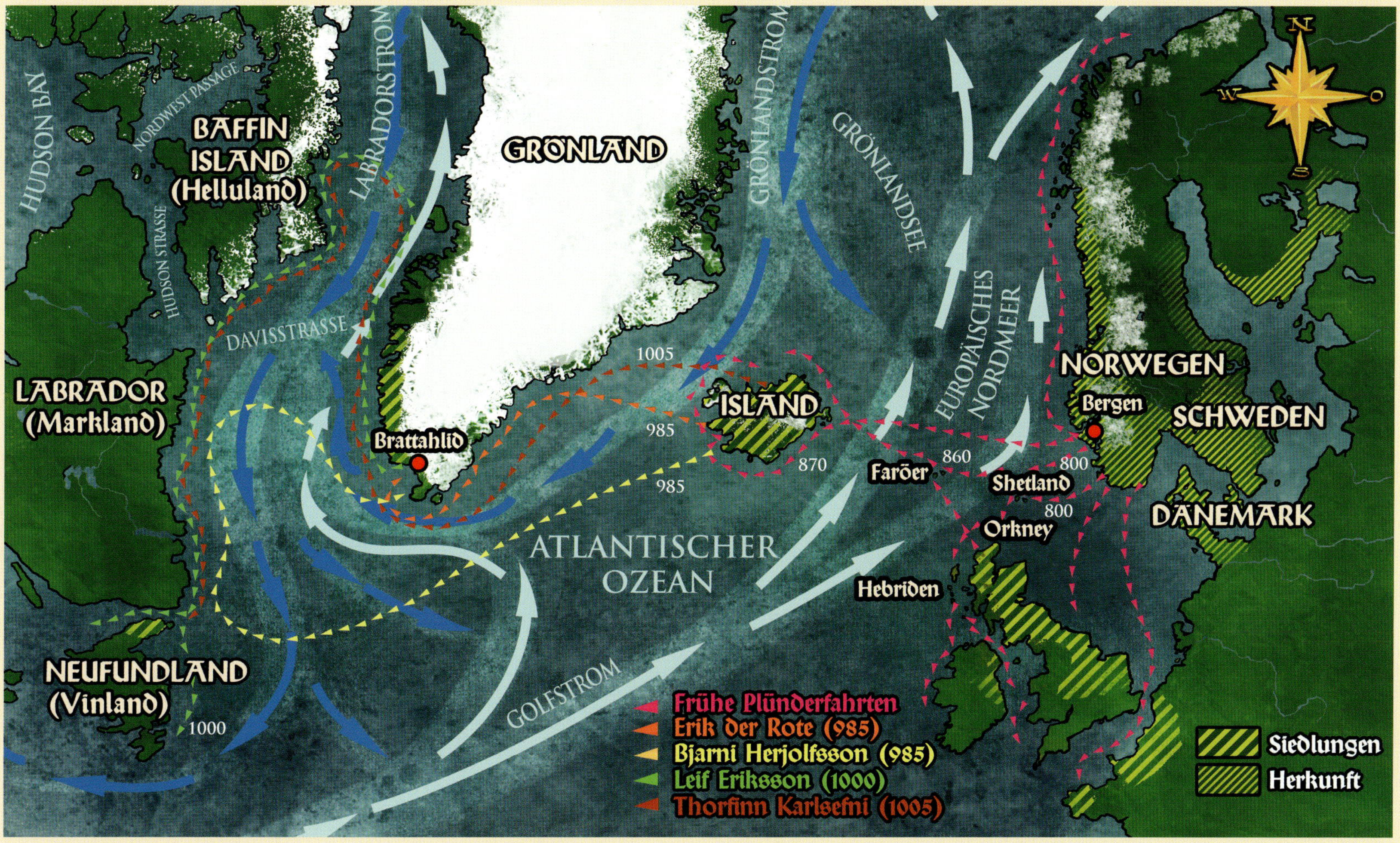

Reise bis ans Ende der Welt

[Karte: Wikingerrouten im Nordatlantik]

- Frühe Plünderfahrten
- Erik der Rote (985)
- Bjarni Herjolfsson (985)
- Leif Eriksson (1000)
- Thorfinn Karlsefni (1005)
- Siedlungen
- Herkunft

schaftet. Er warb Siedler an, und so segelten 25 vollbesetzte Wikingerschiffe im Jahr 985 in Richtung der neuen Wahlheimat. An der Südküste entstanden Siedlungen, und bald zählte Grönland, die größte Insel der Erde, 3 000 Einwohner.

Neufundland

Im Jahr 985 kamen der Norweger Bjarni Herjolfsson und seine Männer während einer Fahrt von Island nach Grönland wegen starken Windes vom Kurs ab und verfuhren sich im Nebel. An Bord hatten sie Material, das auf Grönland dringend erwartet wurde. Irgendwann erblickten sie Land im Westen. Sie sahen bewaldete Hügel und segelten zwei Tage dem Küstenverlauf folgend in Richtung Norden und weitere drei Tagen an Landstrichen mit dichten Wäldern entlang, bis sie schließlich flache, gletscherbedeckte Inseln erblickten. Da ihnen bewusst war, dass dies nicht Grönland war, fuhren sie wieder aufs offene Meer hinaus und kamen nach weiteren vier Tagen in Grönland an. Dort berichtete Bjarni von der merkwürdigen Entdeckung.

Einer seiner aufmerksamsten Zuhörer war Leif Eriksson. Dieser kaufte knapp 15 Jahre später Bjarnis Schiff und segelte mit seinem Gefolge die von Bjarni geschilderte Strecke entlang in umgekehrter Richtung. Schließlich erreichten sie Neufundland und errichteten dort ihr Winterlager. Sie nannten das Land »Vinland« wegen der dort wachsenden wilden Trauben, der Johannisbeeren. Leif der Glückliche, wie Eriksson mit Beinamen genannt wurde, betrat nach heutigen Erkenntnissen um das Jahr 1000 – lange also vor Christoph Kolumbus – amerikanisches Festland.

Unliebsame Gäste der Franken: die dänischen »Dhub«

Die dänischen Wikinger, die immer wieder gegen die Franken anstürmten, schafften es schließlich doch, deren Abwehr zu durchbrechen: Im Jahr 834 eroberten sie Dorestad, plünderten es, nahmen Gefangene und brannten Teile der Stadt nieder. Den nachrückenden Wikingern war damit der Weg geebnet, um über die Flüsse ins Landesinnere zu gelangen. Unzählige Langschiffe fuhren weit hinein ins Frankenreich – in die Niederlande, nach Belgien, Frankreich und bis nach Köln und Trier.

Die Wikingerüberfälle waren so heftig, dass in Westfrankreich Hungersnöte auszubrechen drohten. Der gesamte Ackerbau kam durch Raubzüge zum Erliegen. Ausnahmslos jeder Ort, durch den die Wikinger zogen, wurde gebrandschatzt, und nichts und niemand blieb verschont. Die Stadt Paris wurde fast ein Jahr lang von unzähligen Drachenschiffen belagert, wobei die auf die Seine-Insel geflohene Stadtbevölkerung fast verhungert wäre. Aus Verzweiflung boten die Frankenkönige den Wikingerhäuptlingen tonnenweise Silber an, um sie von weiteren Zerstörungen abzuhalten. Mit der Zahlung dieses Schutzgeldes, dem sogenannten »Danegeld«, kehrte für einige Zeit wieder Ruhe ein. Aber obwohl die Nordmänner förmlich mit Gold und Silber überschüttet wurden, gab es weiterhin Raubzüge nachfolgender Wikinger aus der nordischen Heimat. Und diese beschlossen einfach zu bleiben, so im heutigen Frankreich und England …

Die Gründung des »Nordmänner-Reiches«: die Normandie

Nach jahrelangen Raubüberfällen der Wikinger griffen die erschöpften Frankenkönige zu ungewöhnlichen Mitteln. Sie boten den Wikingerhäuptlingen ein Stück des Landes zur kostenlosen, freien Nutzung an. Im europäischen Mittelalter war es für Könige üblich, sich die Gunst ihrer mächtigen Gefolgsleute auf diese Weise zu erkaufen. Das bedeutete aber im Klartext: Die Wikinger sollten zu Vasallen des Königs werden, sich diesem also freiwillig unterstellen und Dienste für ihn leisten – und damit »Teil der Familie« werden.

Im Westen übergab so im Jahr 911 der König der Westfranken (heute Frankreich), Karl der Einfältige, dem Wikingerhäuptling Rollo eine ganze Provinz von ungeheurer Größe. Das Land lag nördlich von Paris, den britischen Inseln gegenüber direkt am Ärmelkanal. Der lange Küstenverlauf bot eine geradezu ideale Heimstatt für die dänischen Wikinger. Rollo ergriff die Gelegenheit beim Schopf und nahm den Vertrag an. Fortan sollten die Wikinger ein neues Zuhause im Frankenreich haben: die von da an sogenannte Normandie. Ihre Bewohner nannten sich Normannen, »Nordmänner«. Diese gewöhnten sich an den französischen Lebensstil und legten allmählich die Gewohnheiten aus ihrer alten Heimat ab.

Im Jahr 852 landeten Normannen an der Südküste Irlands und gründeten den Stützpunkt Waterford. Es waren Nachfahren der dänischen Wikinger aus der französischen Normandie. Auch sie unternahmen nun regelmäßige Raubzüge ins Landesinnere und eroberten den Großteil der Insel. Die Vorherrschaft der Wikinger wurde erst im Jahr 1014 beendet. Viele von ihnen blieben in Irland, heirateten Irinnen und hinterließen der grünen Insel damit ein bleibendes Erbe. Die Normannen kamen knapp 150 Jahre später wieder: 1169 landeten sie erneut in Irland und eroberten gemeinsam mit Walisern und Flamen Dublin und Waterford zurück. Einige Zeit später sollten ein Normanne König von England werden und die Thronansprüche Eduards III auf die französische Krone den Hundertjährigen Krieg zwischen England und Frankreich auslösen.

ungebetener besuch: dänische wikinger in england

Der erste schriftlich belegte Winkingerüberfall auf englischem Boden fand im Jahr 793 im Norden Westenglands statt. Das Kloster Lindisfarne auf der gleichnamigen Insel wurde von Wikingern, die über das Meer kamen, ausgeplündert. Sie erschlugen die Mönche, stahlen alles Wertvolle aus der Kirche des heiligen Cuthberts und brandschatzten das Kloster. Dieser Überfall markiert für viele Geschichtsschreiber den Beginn der Wikingerzeit. Die dänischen Wikinger fanden Geschmack an der Insel und schmiedeten große Pläne. Das Leben in Dänemark wurde immer schwieriger und die Suche nach einer neuen Heimat immer dringlicher. Allerdings sollte sich das Vorhaben, in England einzufallen, erst fast 80 Jahre später verwirklichen lassen ...

Begehrtes Land

Im Jahr 850 segelte ein ganzes Heer dänischer Wikinger nach England, überwinterte auf einer Insel vor der Themsemündung und verschwand wieder. Doch im Jahr 865 kehrten die Nordmänner zurück: Eine Vielzahl dänischer Wikinger – das »Große Heer« – landete an der Küste des Königreichs Ostanglien, diesmal mit der festen Absicht zu bleiben. Sie errichteten feste Stützpunkte und begannen das Land planmäßig zu erobern.

Leichtes Geld

Das auch hier erzwungene »Danegeld« war so sagenhaft hoch, dass es ständig weitere Wikingerheere anzog. Im Jahr 867 landeten nun auch Siedler mit Frauen und Kindern in Westengland, die unzählige Wikingersiedlungen gründeten, aus denen schließlich Städte erwuchsen wie beispielsweise Lincoln, Nottingham, Derby, Leicester und Stamford.

Im Jahre 867 hatten die Wikinger das Königreich Nordumbrien unter Kontrolle, 869 das Königreich Ostanglien, 874 das Königreich Mercien bis auf das Königreich Wessex im Süden Englands, welches sich erfolgreich gegen sie verteidigte und mehrere blutige Schlachten gewann. Aber die Nordmänner beherrschten trotzdem bereits über die Hälfte Englands.

Daheim ist hier

Im Jahr 878 legten die Wikinger ihr neues Herrschaftsgebiet auf englischem Boden fest und nannten es »Danelag« (»dänisches Recht«) oder englisch »Danelaw«. Gründe dafür, dass sie Westengland so schnell hatten erobern können, lagen vermutlich darin, dass die kurzfristig zusammengestellten Bauernheere der Könige nicht gegen eine Armee kampferprobter Wikingerkrieger standhalten konnten. Außerdem verabscheute das einfache Landvolk – Kelten, Angeln und Sachsen – die englischen Herrscher und unterstützte lieber die Nordmänner, die ihm als das kleinere Übel erschienen.

ungebetener besuch: die wikinger in england

Wütende Sachsen

Von dem Jahr 899 an siedelten sich in Nordengland verstärkt norwegische Wikinger an, die aus Irland vertrieben worden waren. Im Süden eroberte der König von Wessex, Eduard der Ältere, mehr und mehr Land aus dem »Danelag« zurück. Nach dem Tod Eduards setzte sein Sohn Aethelstan die Rückeroberungen fort und schaffte es am Ende sogar, ganz England in seiner heutigen Größe zurückzugewinnen. Im Jahr 925 wurde er zu dessen König ausgerufen.

Zu früh gefreut

Die Wikingerherrschaft in England endete 954 mit dem Tod ihres Königs Erik Blutaxt. Dann kehrte für 30 Jahre Friede ein. Im Jahr 978 begannen unter König Ethelred dem Unentschlossenen allerdings erneut Wikinger in England einzufallen, und dieses Mal waren es Norweger *und* Dänen gleichzeitig: Die »Finn« setzten aus Irland über und griffen Nordwales und die englische Westküste an, die Schiffe der »Dhub« kamen von Dänemark und attakierten die Südküste.

Ausbeutung mit Folgen

Der norwegische Thronanwärter Olaf Tryggvason segelte im Jahr 991 mit 93 Schiffen nach England, besiegte die Engländer in einer Schlacht, nahm sich tonnenweise Silber als »Danegeld« und kehrte zurück nach Hause. Doch nur drei Jahre später kam er mit Sven Gabelbart, dem Sohn Harald Blauzahns, zurück und ließ diesem und sich selbst abermals ein sagenhaftes »Danegeld« in Form von Silbermünzen auszahlen. Das Ausmaß dieser Schutzgeldforderungen nahm derart absurde Züge an, dass die Wikinger den Engländern allein im Jahr 1012 ganze 22 (!) Tonnen Silber abpressten. Kein Wunder also, dass sich der englische König etwas einfallen lassen musste. Im Jahr 1002 befahl er dann schließlich, alle Dänen in ganz England auf der Stelle ermorden zu lassen, und so kam es zu einem schrecklichen Gemetzel. Dies aber weckte den Rachedurst der Wikinger: Über zehn Jahre lang kämpften nun dänische Wikingerheere in England, bis Sven Gabelbart mit seiner Riesenarmee im Jahr 1013 dort landete und das Land eroberte.

Kampf um die Macht

Schließlich flüchtete der englische König Ethelred nach Frankreich ins Exil, und Sven Gabelbart ließ sich zum König von England ausrufen. Nach dessen Tod kehrte Ethelred wieder zurück und führte erneut Krieg gegen die Wikinger, die nun von Gabelbarts Sohn Knut angeführt wurden. 1016 wurde Knut König von England, 1028 schaffte er es mithilfe englischer Truppen, den norwegischen König zu vertreiben. Damit war er gleichzeitig König von England, Dänemark, Norwegen und Schweden. Er starb im Jahr 1035, und sein Nachfolger, sein Sohn Hardeknut, bereits 1042.

Streit um die Krone

Im gleichen Jahr erstieg Eduard der Bekenner, der letzte noch lebende Sohn König Ethelreds, den Thron und blieb bis zu seinem Tod 1066 König von England. Eduard starb kinderlos und bestimmte keinen Erben, und so erklärte sich der mächtige Graf von Wessex, Harald Godewin, Herrscher über die »West-Sachsen«, kurzerhand zum neuen König. Es gab jedoch noch andere Thronanwärter, so etwa Harald den Harten, König von Norwegen. Er landete im Jahre 1066 mit über 300 Schiffen an der englischen Westküste und gelangte bis nach Ricall bei York, doch fiel er im Kampf gegen Truppen Harald Godewins in der Schlacht von Stamford Bridge.

Schicksalsschlacht um Englands Zukunft

Auch Wilhelm, Herzog der Normandie und Nachfahre des Wikingerhäuptlings Rollo, machte Ansprüche auf den Thron geltend und brach mit seiner Armee nach Südengland auf. Harald Godewin eilte ihm entgegen und 1066 trafen beider Heere in der Schlacht bei Hastings aufeinander. Die Normannen besiegten das englische Heer, Harald Godewin fiel und Wilhelm, von da an »Wilhelm der Eroberer«, genannt, ließ sich zum König von England ausrufen.

Krieger, Händler und Fürsten: die schwedischen »Rus«

Während sich norwegische Wikinger in den Westen und auf das offene Meer hinauswagten und dänische Wikinger in den Süden aufbrachen, um die nordeuropäische Küste Richtung Süden zu besegeln, machten die schwedischen Wikinger sich in die andere Richtung, nach Osten, auf. Sie überquerten das Baltische Meer und landeten in Finnland und im Baltikum. Dort eröffnete sich ihnen ein neues, unbekanntes Gebiet ungeahnten Ausmaßes. Voller Tatendrang und Neugierde begannen sie, die Flüsse ins Landesinnere abzufahren. Dabei erwiesen sich die leichten, wendigen Schiffe wegen ihres geringen Tiefgangs als hervorragende Flussboote, welche notfalls von der Mannschaft getragen werden konnten. Unterwegs stießen die Wikinger auf verschiedene unbekannte Siedlungen mit fremdartigen Bewohnern: Balten, Finnen, Chasaren, Awaren, Slawen, Kroaten, Bulgaren, Griechen, Alanen und Araber. Die Nordmänner begrüßten sie auf die ihnen eigene Art: Sie überfielen sie und plünderten nach Kräften. Ihr Ruf eilte ihnen in Windeseile voraus: Die »Warjagis« kamen, die Waräger (von dem russischen *Warjagi* = Schiff), also die »Fremden auf den Schiffen«. »Waräger« war also ursprünglich eine Bezeichnung für Wikinger und erst später Namensgeber für die hauptsächlich aus Wikingern bestehende »Warägergarde« der byzantinischen Kaiser.

Die »wehrhaften Kaufleute«

Die Waräger waren bei ihren ersten Erkundungsfahrten nur auf schnelle Beute aus und töteten alles und jeden; dies änderte sich jedoch bald: Sie erkannten, dass sie mit dieser Methode die Siedlungen nur ein einziges Mal ausplündern konnten und dass diese, wenn sie erst einmal dem Erdboden gleichgemacht worden waren, ihnen nicht weiter nützten. Als viel ergiebiger erwies es sich, die Bewohner am Leben zu lassen gegen das Versprechen, beim nächsten »Besuch« Tierfelle u. a. für die Wikinger bereitzuhalten. Auch erkannten die schlauen Waräger, dass sich ordentlich Profit damit erzielen ließ, Pelze, Honig und Wachs auf den westlichen Märkten zu verkaufen und im Gegenzug den Bewohnern der östlichen Gebiete Waren aus dem Westen mitzubringen, die es in deren Umgebung nicht gab. Zum Beispiel Sklaven: Etliche Frauen und Kinder aus den überfallenen Ländern in Westeuropa und England wurden von dänischen und norwegischen Wikingern als Sklaven nach Skandinavien verschleppt und als billige Arbeitskräfte zu Hause auf den Höfen oder als Handelsware für Tauschgeschäfte eingesetzt. Und die schwedischen Wikinger, die Waräger, fanden Gefallen an den Sklaven, um diese im Osten weiterzuverkaufen. Sie entwickelten mit der Zeit also einen guten Geschäftssinn, waren wohlhabend, genossen hohes Ansehen und konnten sich wehren, wenn es sein musste.

Die »Rus«

Manche der Waräger siedelten sich in den neuen Gebieten nun dauerhaft an und heirateten Frauen aus der Umgebung. Die »Rus« (»Ruderer«), wie man sie jetzt nannte, blieben jedoch für die Einheimischen immer »die Fremden«. Die Fürsten dieser Gebiete bekamen Probleme mit einfallenden Reiternomaden, den Petschenegen, und erkannten, dass die vormals kriegerischen »Rus«, die »wehrhaften Kaufleute«, ihnen nützlich sein konnten. So machten sie einige von ihnen zu treuen Gefolgsmännern in der Armee. Doch nicht nur deren kämpferische Leistungen konnten sich sehen lassen. Bald wurden sie zu einflussreichen Leuten: Waräger stellten den Großteil der Armee, kontrollierten sämtliche Handelswege zwischen der Ostsee und dem Byzantinischen Reich und gehörten sogar dem Adel an. Im 10. Jahrhundert waren die Wikinger so stark integriert, dass sie nur noch slawisch sprachen. Das von ihnen dominierte Gebiet nannte man nunmehr »die Rus«, mit Kiew als Hauptstadt. Die »Kiewer Rus« ist der Vorläufer der heutigen Staaten Russland, Ukraine und Weißrussland.

die »axttragenden« krieger und loyalen söldner

Mit Sicherheit war der Glaube an die alten Götter und im Zuge dessen an das tragische Schicksal der Menschen beim Untergang der Welt einer der Hauptgründe, warum die Wikinger so unerschrocken waren und auf beängstigende Weise überhaupt keine Angst vor dem Tod zeigten. Sie waren jederzeit dazu bereit, im Kampf zu sterben angesichts der Aussicht, sich dann als Helden von den hübschen Walküren in die Ruhmeshalle Walhall geleiten zu lassen. Auch entwickelten sie ausgefeilte Kampftechniken, die mit ihrer Verwegenheit und ihrem Todesmut bestens in Einklang standen. Doch wer waren eigentlich die Elitekämpfer der Wikinger?

Hirð

Die Gefolgschaft und Leibwache eines Wikingerkönigs oder auch mächtigen Jarls wurde »Hirð« genannt. Im Laufe der Zeit entwickelte sie sich zu einer Elitetruppe, die über besondere Fähigkeiten im Kampf verfügte.

Waräger

Jahrhundertelang gehörte es für jeden tapferen Wikinger zum Pflichtprogramm, einmal im Leben als Leibgardist in der Elitetruppe des byzantinischen Kaisers am Hof von Konstantinopel gedient zu haben.

Berserker

Berserker

Die von jedermann gefürchteten Elitekämpfer verfielen während eines Angriffs in einen regelrechten Blutrausch und kämpften wie tollwütige Tiere gegen eine Vielzahl an Gegnern.

die »axttragenden« krieger und loyalen söldner

Hirð · Waräger

die Warägergarde

Keine andere Söldnereinheit ist heute noch so berühmt wie sie, keine hat so lange existiert: die Warägergarde. Die Leibgarde der oströmischen Kaiser war die Fremdenlegion des Mittelalters. Von dem Moment ihrer Entstehung an zog sie Tausende von Wikingern magisch an: Sie alle machten sich auf, um im fernen exotischen Byzanz als Söldner Abenteuer zu erleben, von denen man zu Hause allenfalls träumen konnte. Der Söldnerdienst zahlte sich auch bestens aus, denn im gut funktionierenden Kaiserreich konnte ein Söldner ein Vermögen machen und mit Kostbarkeiten beladen als reicher Mann nach Hause zurückkehren. Kein Wunder also, dass sich die Wikinger geradezu darum rissen, in der Ferne zu dienen. Natürlich war dies darüberhinaus auch eine günstige Gelegenheit, sich vor möglicher Strafverfolgung zu drücken oder einer Blutrache zu entgehen. Selbst skandinavische Könige machten sich vor ihrem Amtsantritt als Gardisten verdient, galt es doch als Auszeichnung und Ehre, bei den Warägern gedient zu haben.

Der Vertrag der Waräger

Der Posten als Leibgardist des byzantinischen Kaisers war sehr begehrt, denn als Warägersöldner erhielt man nicht nur gute Bezahlung, sondern durfte sogar, falls der Kaiser starb, den kaiserlichen Palast drei Tage lang plündern und so viel mitnehmen, wie man tragen konnte.

die warägergarde

Das internationale Söldnerheer

Der byzantinische Kaiser unterhielt nach Tradition seiner römischen Vorgänger – wie die französische Fremdenlegion der Gegenwart – ein Vielvölkerheer mit Söldnern aus Dutzenden unterschiedlicher Länder: Araber, Lombarden, Goten, Georgier, Türken, Slawen, Ungarn und Angehörige vieler anderer Länder kämpften Seite an Seite im Zweifel bis zum Tod. Die sagenhafte Treue der Söldner erkaufte sich der Kaiser mit einem großzügig bemessenen Sold, den er regelmäßig auszahlen ließ. Das war zu der damaligen Zeit nicht unbedingt üblich. Die Warägergarde war wegen ihrer Schlagkraft die Elitetruppe des Kaisers, und viele Legenden rankten sich um die Teilnahme berühmter Kämpfer im kaiserlichen Sold. Die Warägergarde schlug sich in der Folge auch außerhalb des Palastes bei Kriegseinsätzen mit Serben, Bulgaren, Magyaren, Chasaren, Seldschuken, Arabern und Franken. In Süditalien kämpften Waräger sogar gegen die eigenen Vettern, die Normannen, die sich anschickten, die Byzantiner aus Italien zu vertreiben. Der berühmteste Gardist war Harald der Harte, der viele Jahre unterschiedlichen Königen und Königinnen diente, bevor er später selbst als Harald III. König von Norwegen wurde und dann im Krieg um die englische Krone in der berühmten Schlacht von Stamford Bridge im Kampf fiel.

Das Ende der Warägergarde

Ein Kreuzfahrerheer war es schließlich, das der scheinbaren Unbesiegbarkeit der Warägergarde ein Ende setzen sollte: Im Jahr 1203 fand der vierte Kreuzzug statt, bei dem 33 000 Krieger entsandt wurden, um Konstantinopel einzunehmen. Die 15 000 Waräger wehrten sich zwar tapfer – sie kämpften noch, als alle anderen kaiserlichen Truppen bereits besiegt waren –, doch konnten sie der Übermacht nicht lange standhalten. Als sie sahen, dass ein Weiterkämpfen zwecklos war, ergaben sie sich. Keiner der Kreuzfahrer wagte es, den tapferen Hünen ein Haar zu krümmen – stattdessen nahm man sie in das Kreuzfahrerheer auf.

die handelsstädte der wikinger

Der einträgliche Handel bescherte den Wikingern Wohlstand und die Möglichkeit, ein ausgefeiltes Versorgungsnetz aufzubauen: Händler, Handwerker und Gastwirte schlossen sich zusammen und erdachten ein gut funktionierendes System, welches Schutz vor Plünderern bot und ein komfortables Zusammenleben in städtischen Strukturen ermöglichte. So entstanden die Handelsstädte. Nun kamen auch verstärkt Kaufleute über die Handelswege von überall her, um ihre Waren gegen Silber oder andere Produkte einzutauschen. Der Handel blühte auf und die Handelsstädte wuchsen: Immer mehr Menschen ließen sich in ihnen nieder, frönten der vor Ort gebotenen Unterhaltung und genossen die Vorzüge einer Stadt.

York

Mit der Eroberung der englischen Stadt York fiel den Wikingern ein Handelsplatz zu, an dem vielfältiges Handwerk betrieben wurde und der über gute Handelsbeziehungen zu friesischen Händlern verfügte. Dies stellte für die Wikinger eine hervorragende Möglichkeit dar, Ware aus eigener Herstellung, aus der skandinavischen Heimat und aus dem Fernhandel feilzubieten.

Dublin

Dublin in Irland entwickelte sich durch seine begünstigte Lage bald zum aufstrebenden Handelszentrum: Richtung Norden konnten die Wikinger problemlos über die Hebriden zu den Orkney- und Shetland-Inseln und dann über die Färöer-Inseln nach Island oder aber direkt nach Norwegen segeln. Richtung Osten gelangten sie zu den Angelsachsen und Richtung Süden an die Ufer des Fränkischen Reichs.

die handelsstädte der wikinger

Hacksilber

Silbermünzen

Kaupang

Kaupang ist der älteste stadtähnliche Handelsplatz in Norwegen. Er wurde im Jahr 780 gegründet und hatte in seiner Blütezeit etwa 1000 Einwohner. In Kaupang wurden Eisen, Silber und Bronze zu Schmuck und Barren verarbeitet und Specksteingeschirr hergestellt. Einige Male im Jahr kamen Händler hier zusammen, um ihre Waren feilzuhalten, darunter auch Kaufleute aus dem Norden, die Tierprodukte aus der See anboten. Gegen Ende des 10. Jahrhunderts wurde dieser Handelsplatz aufgegeben.

Birka

Birka lag auf der Insel Björkö im drittgrößten See Schwedens. Es zählte ebenfalls etwa 1000 Einwohner und war nicht nur der wichtigste Handelsplatz Skandinaviens, sondern 200 Jahre lang sogar der bedeutendste in ganz Nordeuropa. Hier wurde Ware aus dem Ostseeraum (Pelze, Geweih und Eisen) in erster Linie gegen Bernstein getauscht. Birka wird als erste Stadt der »Svear«, der Vorfahren der Schweden, bezeichnet.

Haithabu

Das im Jahr 770 gegründete Haithabu war die erste mittelalterliche Stadt in Nordeuropa und ein wichtiger Handelsumschlagplatz der Wikinger. Es lag direkt neben der Kreuzung zweier Handelsrouten für Waren aus Skandinavien, Westeuropa, dem Nordseeraum und dem Baltikum. In der Blütezeit lebten in Haithabu etwa 1500 Menschen, darunter Dänen, Schweden, Sachsen, Franken und Slawen, gemeinsam mit Sklaven in einer wohlorganisierten Zweckgemeinschaft. Haithabu war berühmt für die Herstellung von Tongeschirr, Glas und Werkzeugen. Es wurde im Jahr 1066 von Westslawen geplündert und verwüstet; seine Zerstörung markierte – zusammen mit der Schlacht bei Hastings – das Ende der Wikingerzeit.

Interessant zu wissen

Natürlich können nicht alle spannenden Einzelheiten über die Wikinger in einem einzigen Buch behandelt werden. Die folgenden Seiten zeigen daher eine Auswahl an interessanten Informationen in kompakter Darstellungsweise.

um 600 n. Chr.

um 900 n. Chr.

um 1000 n. Chr.

Ritualhelm der Priester

der mythos hörnerhelm

Ein immer noch weit verbreiteter Irrtum ist die Annahme, dass Wikinger Hörnerhelme getragen hätten. In Filmen, auf Gemälden und in der Literatur gab es bis vor wenigen Jahren kaum einen Wikinger, der ohne Hörner am Helm dargestellt worden wäre. Dies ist jedoch eine moderne Legende, deren Entstehung Richard Wagner geschuldet ist: Dieser berühmte Komponist, Dramatiker, Dichter, Schriftsteller, Theaterregisseur und Dirigent hatte für seine Bayreuther Festspielinszenierung *Der Ring des Nibelungen* nach einem Ausstattungsstück gesucht, mit dem er den »Ritt der Walküren« etwas spektakulärer aussehen lassen wollte. Und so kam er auf den Hörnerhelm, ein Kostümdetail, das Geschichte machen sollte. Allerdings wäre so ein zugegebenermaßen eindrucksvoller Helm bei den echten Wikingern niemals zum Einsatz gekommen, denn anstatt seinen Träger im Kampf zu schützen und das Schwert des Gegners abzulenken, hätten die Hörner dieses wie eine Führungsschiene geradewegs zum Schädel geführt, den es ja eigentlich zu schützen galt. Die Wikinger hätten sich über solche Helme also eher totgelacht, als sie sich auf den Kopf zu setzen.

Links siehst du Helme, die tatsächlich von Wikingern getragen wurden.

berühmte wikinger

Harald I., mit dem Beinamen »Schönhaar«
*852 †933
Erster König von Norwegen

Erik Blutaxt
*950 †1003
Ältester Sohn Harald Schönhaars, zweiter König Norwegens und König von York

Erik der Rote
*950 †1003
Erster Besiedler Grönlands

Leif Eriksson, auch Leif der Glückliche genannt
*970 †1020
Sohn Eriks des Roten und Entdecker Nordamerikas

Guthrum der Ältere
König der dänischen Wikinger im Danelag

Gorm der Alte
*900 †958
Erster König von Dänemark

Harald I., auch Harald Blauzahn genannt
*910 †987
Sohn Gorms des Alten und König von Dänemark und Norwegen

Sven I., auch Sven Gabelbart genannt
*965 †1014
Sohn Harald Blauzahns und König von Dänemark

Ingólfur Arnarson
um 874
Erster Skandinavier auf Island

Thurgeis
um 840
König von Nordwund Ostirland

berühmte wikinger

Oleg der Prophet
unbek. †912
Erster Warägerkönig und Gründer der Kiewer Rus, herrschte von 879 bis 912

Thorfinn Karlsefni
Gründer von Siedlungen in Vinland (Neufundland) im Jahr 1010

Ivar der Knochenlose
794 †872
Anführer des Großen Heeres der Dänen und Eroberer des Danelag

Håkon der Gute
920 †961
Dritter König von Norwegen

Knut der Große
995 †1035
Sohn Sven Gaberbarts, König von England, Dänemark, Norwegen und Schweden

Harald I., auch Harald Hasenfuß genannt
1016 †1040
Sohn Knuts des Großen und König von England

Harald der Harte
1015 †1066
König von Dänemark, Norwegen, Schweden und York

Erik VIII., der Siegreiche
945 †995
König der Schweden und Dänen

Olaf III., mit dem Beinamen Schoßkönig
980 †1021
Sohn Eriks des Siegreichen und erster christlicher König Schwedens

Wladimir der Große
960 †1015
Großfürst der Kiewer Rus

Seerouten und Siedlungen der Wikinger

Die nordischen Seefahrer waren beinahe 300 Jahre lang die absoluten »Stars« des Mittelalters. Die stolzen Krieger, denen Angst ein Fremdwort war, gelangten über das Wasser bis in die entlegensten Winkel der Welt. Und hätte es ihnen in Westeuropa nicht so besonders gut gefallen, wären sie bestimmt noch weiter in den fernen Osten vorgedrungen und vielleicht sogar in China, Japan und Australien gelandet.

zeittafel

Eine Auswahl:

793
Wikingerüberfall auf das Kloster Lindisfarne

795
Wikingerüberfälle auf Irland

799
Wikingerüberfälle auf das Frankenreich

804
Schriftliche Erwähnung eines Handelsplatzes an der Südgrenze des Wikingerreichs

808
Der dänische König Gudfred macht aus dem Handelsplatz das Handelszentrum »Haithabu« (von Slawen »Schleswig« genannt) und lässt einen Schutzwall, das »Danewerk«, bauen.

823
Landung erster christlicher Missionare in Dänemark

830
Wikingerüberfälle auf England

832
Weihe Ansgars, des »Apostels des Nordens«, zum Bischof in Hamburg, das Bistum wird, um die Wikinger zu bekehren

840
Erstes Wikingerlager im Frankenreich

841
Gründung der Wikingersiedlung Dublin

844
Wikingerüberfälle auf Spanien

845
Vertreibung der Missionare und Plünderung Hamburgs durch die Wikinger

848
Erweiterung des Hamburger Bischofssitzes auf Bremen durch Ansgar

850
Der König der Dänen, Horik I., gestattet Bischof Ansgar, eine Kirche in Haithabu zu bauen.

856/57
Wikingerüberfall und Plünderung von Paris

866
Landung des »Großen Heers« der Wikinger in Ostanglien

870
Norwegische Wikinger siedeln sich auf Island an und vertreiben die wenigen darauf lebenden Kelten.

878
Gründung des Danelag in England

880
Gründung des Earltums der Orkney-Inseln durch Harald Schönhaar

900
Harald Schönhaar wird König von Norwegen.
Entdeckung Grönlands durch Gunnbjörn Úlfsson

911
König Karl der Einfältige macht Winkingerhäuptling Rollo zum Vasallen und überreicht ihm dafür die Normandie.
Erhebung des ersten Danegelds

914
Eroberung der Bretagne durch die Wikinger

930
Entstehung des Althings auf Island

931
Tod Harald Schönhaars

958
Tod Gorms des Alten und Ernennung seines Sohns Harald Blauzahn zum König der Dänen

965
Der deutsche Kaiser Otto I. zwingt Harald Blauzahn zum Christentum überzutreten und sich taufen zu lassen.

970
Harald Blauzahn setzt Haakon als norwegischen Statthalter ein, der durch die Taufe Haralds Vertrauen gewinnt.

973
Harald Blauzahn rückt nach Süden bis an die Elbe vor.

974
Tod Kaiser Ottos I. und Sieg seines Nachfolgers Otto II. über die Dänen

980
Neue Wikingerangriffe auf England

980–1015
Wladimir der Große ist Großfürst der Kiewer Rus und gründet die Warägergarde.

983
Rückeroberung des an die Deutschen verlorenen Landes durch die Dänen

985
Besiedlung Grönlands unter Anführung von Erik dem Roten

986/87
Sven Gabelbart führt eine Rebellion gegen seinen Vater, Harald Blauzahn, an, der dabei stirbt. Sven Gabelbart wird König. Letzter Wikingerüberfall auf das Frankenreich.

zeittafel

994
Die gemeinsame Flotte von Dänenkönig Sven Gabelbart und Norwegerkönig Olaf Tryggvasson belagert London. Danegeld wird erfolgreich erpresst.

995
Olaf Tryggvasson verbündet sich mit König Ethelred von England. Er lässt sich taufen und kehrt nach Norwegen zurück, um die Königsherrschaft zu erkämpfen.

996
Ermordung Haakons in Norwegen. Norwegerkönig Olaf Tryggvasson wird König der Dänen und beendet so die Herrschaft Sven Gabelbarts in Norwegen. Der gerissene König benutzt das Christentum, um die Menschen gefügig zu machen.

997–1002
Regelmäßige Wikingerüberfälle auf England

1000
Der Norwegerkönig Olaf Tryggvasson stirbt in der Seeschlacht von Svold gegen die Truppen Sven Gabelbarts, wodurch die Herrschaft des Dänenkönigs über Norwegen besiegelt wird.

1002
Ethelred, der König von England, erlässt den Befehl, alle Dänen auf englischem Boden auf der Stelle zu ermorden.

1003–1012
Ständige Überfälle dänischer Wikinger auf England

1013
Dänenkönig Sven Gabelbart erobert England und verjagt König Ethelred ins Exil in die Normandie. Gabelbart wird König von England, erliegt jedoch seinen Kriegsverletzungen.

1014
Ethelred kehrt aus dem Exil zurück und wird wieder König von England. Zusammen mit Sohn Edmund vertreibt er Gabelbarts Sohn Knut den Großen nach Dänemark.

1015
Knut der Große kehrt wieder nach England zurück und beginnt mit der blutigen Rückeroberung des Landes.

1016
König Ethelred stirbt und sein Sohn Edmund erkennt Knut den Großen als König von England an.

1019
Knut der Große übernimmt von seinem Bruder Harald den dänischen Thron und ist nun König sowohl von England als auch von Dänemark.

1019–1054
Jaroslaw der Weise ist Großfürst von Kiew.

1026
Die Norweger unter Olaf II. und die Schweden unter Anund verbünden sich und bekämpfen den Dänenkönig Knut den Großen. Dieser besiegt jedoch alle in der Schlacht am Heiligen Fluss.

1028
Dänenkönig Knut der Große vertreibt Olaf II. aus Norwegen.

1030
Olaf II. kehrt nach Norwegen zurück und stirbt in der Schlacht. Im Süden beherrschen Wikinger nun auch Süditalien und Sizilien.

1035
Tod Knuts des Großen

1035–1040
Knuts des Großen Sohn Harald ist König von England.

1040–1042
Knuts des Großen Sohn Hardiknut regiert England.

1042
Knuts des Großen Stiefsohn Eduard der Bekenner wird englischer König. Der Normanne hatte zuvor 25 Jahre im Frankenreich gelebt und kultiviert nun das Christentum in England. Er lässt aus einer Benediktinerabtei das Westminster Abbey (»West-Münster«) bauen, in dem er später begraben werden soll. Alle englischen Könige ließen sich von da an dort krönen und begraben.

1053
Papst Leo IX. verleiht dem Erzbistum Hamburg-Bremen Autorität über Norwegen, Island, Grönland, Dänemark und Schweden.

1066
Eduard der Bekenner stirbt kinderlos und bestimmt kurz vor seinem Tod den Angelsachsen Harald Godewin, Sohn des Earls von Wessex, zum Erben und König. Als Harald II. wird dieser zum König von England ausgerufen.

Der Norwegerkönig Harald der Harte glaubt sich der rechtmäßigen Thronfolge beraubt und setzt mit seiner bewaffneten Flotte nach England über. Er landet an der Westküste und fällt bei der Schlacht von Stamford Brigde bei York.

Der Normanne Wilhelm, bekannt als Wilhelm der Bastard und spätere Wilhelm II., Herzog der Normandie, meldet ebenfalls Thronansprüche an und landet mit seinem Heer in Südengland. In der Schlacht bei Hastings treffen sein Heer und das Haralds II. aufeinander und liefern sich eine blutige Schlacht, in der Harald II. stirbt. Wilhelm lässt sich daraufhin als Wilhelm der Eroberer zum König von England ausrufen. Dieser Zeitpunkt markiert zugleich das Ende der Wikingerzeit.

Literatur

Bücher

Barth, Reinhard, Taschenlexikon Wikinger, München 2002
Beckers-Dohlen, Claudia, Irland: von seinen Wurzeln bis zum 15. Jahrhundert, Wald-Michelbach 2004
Borst, Arno, Lebensformen im Mittelalter, Frankfurt am Main 1992
Bovo, Elisabetta, Der Mensch in der Geschichte. Kaiser, Kalifen und Kaufleute: das frühe und hohe Mittelalter, München 1999
Brown, Reginald Allen, Die Normannen, München 1991
Brown, Richard A., Die Normannen, Mannheim 2004
Bumke, Joachim, Höfische Kultur: Literatur und Gesellschaft im hohen Mittelalter, München 2005
Fell, Christine E./Wilson, David M. (Hrsg.), Die Geschichte der nordischen Völker: die Welt der Germanen, Kelten, Wikinger und Slawen 400–1100 n. Chr., München 2003
Fryde, Natalie/Vollrath Hanna (Hrsg.), Die englischen Könige im Mittelalter: von Wilhelm dem Eroberer bis Richard III., München 2009
Graham-Campbell, James (Hrsg.), Bildatlas der Weltkulturen: Die Wikinger, Augsburg 1999
Graham-Campbell, James, Das Leben der Wikinger: Krieger, Händler und Entdecker, München 1980
Hansen, Walter (Hrsg.), Die Edda: die germanischen Göttersagen, Rheinbach 2013
Hube, Hans-Jürgen, Altnordische Götter- und Heldensagen, Frankfurt am Main 1996
Konstam, Angus, Die Wikinger: Geschichte, Eroberungen, Kultur, Wien 2005
Krause, Arnulf (Hrsg.), Die Edda des Snorri Sturluson. Ausgewählt, übersetzt und kommentiert von Arnulf Krause, Stuttgart 1997
Krause, Arnulf (Hrsg.), Die Götterlieder der älteren Edda, Stuttgart 2006
Krause, Arnulf, Von Göttern und Helden: die mythische Welt der Kelten, Germanen und Wikinger, Darmstadt 2010
Lilie, Ralph-Johannes, Byzanz: Geschichte des oströmischen Reiches 326–1453, München 1999
Lilie, Ralph-Johannes, Byzanz und die Kreuzzüge, Stuttgart 2004
Magnusson, Magnus/Forman, Werner (Hrsg.), Der Hammer des Nordens: Mythen, Sagas und Heldenlieder der Wikinger, Freiburg im Breisgau 1977
Sarnowsky, Jürgen, England im Mittelalter, Darmstadt 2012
Schroeter, Klaus R., Entstehung einer Gesellschaft. Fehde und Bündnis bei den Wikingern, Berlin 1994
Seebold, Elmar/Kluge, Friedrich (Begr.), Kluge – etymologisches Wörterbuch der deutschen Sprache, Berlin 2011
Seibt, Ferdinand, Glanz und Elend des Mittelalters: eine endliche Geschichte, München 1991
Simek, Rudolf, Die Germanen, Stuttgart 2006
Simek, Rudolf, Die Wikinger, München 2009
Simek, Rudolf, Religion und Mythologie der Germanen, Darmstadt 2003
Tetzner, Reiner, Germanische Göttersagen. Nach den Quellen neu erzählt von Reiner Tetzner, Stuttgart 1992
Warneck, Igor, Runen-Welten: eine tiefgehende, persönliche Einführung in die Geheimnisse der Runen, Darmstadt 1997
Graham-Campbell, James/Batey, Colleen/Clarke, Helen/Page, R. I./Price, Neil S., Weltatlas der alten Kulturen. Die Wikinger. Geschichte, Kunst, Lebensformen, München 1995
Wernick, Robert/Daniels, George (Red.), Die Wikinger, Eltville am Rhein 1992

Internetquellen

Deutsche, englische und skandinavische Wikipedia (http://www.wikipedia.org/)
Hurstwic, LLC (http://www.hurstwic.org/)
Manx National Heritage, Isle of Man (http://www.manxnationalheritage.im)
National Museum of Natural History, Washington D.C./Arctic Studies Center (http://www.mnh.si.edu/vikings/index.html)
NOVA Online (http://www.pbs.org/wgbh/nova/ancient/who-were-vikings.html)
Project Britain – Learn about London, by Mandy Barrows (http://projectbritain.com/london/history/saxonsandvikings.html)
Regia Anglorum/Anglo-Saxon, Viking, Norman and British Living History (http://www.regia.org/)
Ribe Vikingcenter (http://www.vikingeskibsmuseet.dk)
Staffordshire County Council/Medieval Staffordshire (http://www.staffordshire.gov.uk/leisure/archives/services/LearningFacilities/teachers/onlinelearning/medievalstaffordshire/Timeline.aspx)
Swedish National Heritage Board/Birka (http://www.raa.se/om-riksantikvarieambetet/in-english/)
Universität Oslo/Humanistische Fakultät/Kaupang (http://www.kaupang.uio.no/)
University of Michigan/Department of History/Ian Mladjov's Resources (http://sitemaker.umich.edu/mladjov/maps&)
Wikinger Museum Haithabu (http://www.schloss-gottorf.de/haithabu)
Wikingermuseum Ladby (http://vikingemuseetladby.dk/)
Wikingermuseum Ribe (http://ribesvikinger.dk)
Wikingerschiffmuseum Roskilde (http://www.vikingeskibsmuseet.dk)

Impressum

Nuesret Kaymak, Zeitreise Wikinger. Krieger und Entdecker aus dem Norden
Copyright © 2014 Regionalia Verlag GmbH, Rheinbach
Alle Rechte vorbehalten. Kein Teil dieses Buches darf ohne die schriftliche Genehmigung des Verlags vervielfältigt, elektronisch gespeichert oder anderweitig übertragen, elektronisch oder mechanisch kopiert, aufgenommen oder auf eine andere Art vervielfältigt werden.
Einbandgestaltung: agilmedien, Niederkassel
Lektorat: Handverlesen GbR, Bonn
Korrektorat: Handverlesen GbR, Bonn
Layout & Satz: Handverlesen GbR, Bonn
Printed in Italy 2014
ISBN 978-3-939722-86-1
www.regionalia-verlag.de